KB266949

격변의
시대, 위기를
지배하라

격변의 시대, 위기를 지배하라

역사에서 찾은
위기 극복의
전략, 시스템,
리더십

김경준 지음

MASTERING CRISIS
IN AN AGE OF UPHEAVAL

일에일북스

"우리는 소수이지만, 행복한 소수, 하나의 형제다.
오늘 나와 함께 피를 흘리는 자는
천한 출신이라 해도 오늘 귀하게 된다.
오늘 나와 함께 피를 흘리는 자는
모두 나의 형제다."

- 헨리 5세 -

위기의 파도 위에서 길을 찾다

역사는 미래학이다

"역사는 과거와 현재의 대화다"라고, 역사학자 에드워드 카는 통찰했다. 역사란 화석화된 과거의 기록이 아니라 현재의 관점에서 끊임없이 재해석되면서 과거와 현재가 역동적으로 상호작용한다는 의미다. 이런 맥락에서 '역사는 과거와 현재의 대화를 통해 앞날을 조망하는 미래학'이라고 할 수 있다. 역사는 과거라는 거울을 통해 현재를 비추고 미래에 대처하는 안목을 제시해 주기 때문이다.

"하늘 아래 새로운 것은 없다"라고 했듯, 문명과 기술은 발달할지라도 인간이 살아가는 본질적 측면은 변하지 않는다. 개체와 혈연의 '생존과 확장'이라는 목표 함수를 달성하고자 공동체를 만들고, 리더를 선출하고, 추종자를 모으고, 경쟁자를 공격하고, 갈등과

격변의 시대, 위기를 지배하라

분열이 생겨나고, 승패가 갈리면서 해소되는 인간의 삶은 반복적 양상이 강하다.

석기 시대의 도구인 돌멩이가 디지털 시대의 AI 스마트폰으로 변했지만, 삶의 본질은 동일하다. 수천 년 역사의 수많은 사례가 21세기 글로벌 경제 환경과 디지털 AI 시대에도 '생동하는 현재성'의 원천이다. 소위 고전의 반열에 오른 고대의 경전, 교훈서, 역사서 등이 지금도 폭넓은 공감대를 형성하는 이유다.

성장은 언제나 위기에서 시작된다

인간이 만든 조직인 국가, 기업, 종교 단체 등도 유기체처럼 '탄생-성장-발전-쇠퇴'의 단계를 거친다. 이 과정에서 크고 작은 어려움과 위기는 예외적이 아니라 오히려 일상적이다.

새로이 출발하는 조직은 방금 세상에 나온 신생아와 같이 취약한 상태에서 자신만의 생존 공간을 확보해야 하고, 기반이 구축되고 안정기에 들어서면 성장통과 내부 분열이라는 불청객이 찾아온다. 성장과 발전 단계에선 기존 질서를 장악하고 있는 강력한 경쟁자들과 사활을 건 싸움이 불가피하다. 이러한 단계를 거쳐 확장에 성공한 조직의 적은 바로 그 자신이다.

과거의 성공과 현재의 번영에 안주해 변화에 둔감해지고 내부적으로 혁신의 동력을 만들어 내지 못하는 화석이 되어 버리면, 조직은 그 자체의 무게를 이기지 못하고 무너져 내리고 그 빈자리를 새로운 도전자들이 차지하는 순환 과정이 반복된다.

세상에 영원불멸한 존재가 없듯 아무리 번영하던 조직이라도 언젠가는 쇠퇴하게 마련이다. 그러나 내부 혁신으로 번영을 연장하고 쇠퇴를 늦추는 것은 얼마든지 가능하다.

이런 면에서 조직의 성장과 발전은 위기 극복의 연속 과정으로 이해할 수 있다. 각 단계별로 찾아오는 위기는 조직의 특성과 환경에 따라 양상이 다르게 나타나지만 성장 과정에 필연적으로 수반되게 마련이다. 인간의 삶에서 불확실성 자체를 제거할 수 없듯 위기 자체를 회피할 수 있는 조직은 없다. 다만 성공하는 조직과 실패하는 조직은 위기에 맞서고 극복하는 방식에서 차이가 난다.

성공하는 조직은 위기를 맞아 더욱 강해지고 도약의 계기로 삼는 반면, 실패하는 조직은 위기가 오면 무너진다. 지리멸렬한 리더십이 드러나고, 조직은 사분오열되고, 조직의 방향성을 상실한다.

공동체의 흥망에는 반복되는 공식이 있다

인간에게 생로병사가 피할 수 없는 숙명이듯 국가와 조직의 흥망성쇠도 불가피하다. 유구한 인류 역사에서 잠깐 단발적으로 부상하는 국가 및 당대를 주도하는 패권국 등이 수없이 명멸하고 교차하는 가운데, 흥망성쇠의 과정에서도 각각의 전개 양상과 시간 개념은 각양각색이다. 개인적 삶에서 바람직한 원칙과 모델을 찾으려 하듯, 국가 단위에서도 빈곤에서 번영으로 나아가는 방향과 패턴을 찾으려는 접근도 다양한 방식으로 시도되었다.

도덕과 윤리의 형성과 쇠퇴, 지식의 축적-확산과 진부화, 군사력의 결집과 약화, 경제적 기반의 형성과 상실 등이 각 분야별 관점에 따라 흥망성쇠의 법칙이나 패턴을 찾아보려는 시도들이다. 모두 나름대로 타당성이 있지만, 특히 경제력 관점은 다른 요소들의 기반이면서 객관적인 수치로 현상을 분석한다는 점에서 차별성을 가진다.

미국의 경제학자 토드 부크홀츠는 이러한 점에 착안해 역사적으로 당대를 주도한 국가들의 흥망성쇠 패턴을 분석했다. 인구와 재산을 기본으로 당시 사회상과 결합시켜 『다시, 국가를 생각하다』(2017)에 집약한 핵심 내용은 다음과 같다.

국가 존립의 기본 기능인 국방과 행정의 출발점은 결국 인구와 재산으로 귀착된다. 수천 년 전 고대 세계에서도 국가 단위가 형성되면 인구와 재산은 무조건 조사되었다. 인구를 파악해야 군대를 편성할 수 있고, 재산을 기반으로 세금을 징수해야 군대 운영이 가능하기 때문이다. 초기 문명 시대의 고대 이집트, 메소포타미아의 바빌로니아, 고대 그리스 스파르타 등에도 관련 기록이 남아있다.

빈곤에서 탈피한 경제적 번영은 '출산율 저하와 공공부채 증가'로 이어지고, '근로 윤리 쇠퇴와 애국심 소멸'이 수반되면서 파국을 맞게 된다. "국가의 연평균 국내총생산(GDP) 증가율이 25년 단위로 두 번 연속 2.5% 이상을 기록할 때 출산율은 대체율(여성 한 명당 2.5명의 자녀)을 밑돈다"라는 패턴은 고대 그리스 스파르타, 로마 제국, 나폴레옹 이후의 프랑스와 빅토리아 시대 영국에서 공통적으로 관찰된다. 군사 강국이었던 스파르타조차 기원전 4세기의 인구가 전성기 대비 80% 감소해 군대 편성에 애로를 겪었다. 출산율 저하와 반려동물에 대한 선호도 증가는 동전의 양면이다.

"국가가 부유해지면서 관료 조직은 방대해지고, 이는 부채 문제를 더욱 악화시킨다"라는 현상의 여파는 비대해진 관료 조직이 규제를 양산하면서 경제 발전을 가로막는다.

역사적으로 3,700년 전 바빌로니아의 함무라비왕이 가축을 보살피는 목동들에게 시행한 임금과 가격 통제 정책까지 연원을 거슬러 올라간다. 중국 명나라에서도 "당시 유학자들은 상인들을 기생충으로 비하하고, 관료 조직을 확대해 상인들을 감시하고 궁극적으로 억압했다. 하지만 이런 정책은 경제의 숨통을 옥죄고 왕조를 내부적으로 몰락시켰다"라고 분석한다.

비대한 관료제에서 발생하는 높은 수준의 통제는 사회를 부패하게 만들고 활력을 저하시켜, 열심히 일하기보다 제도를 이용해 이익을 취하려는 경향이 강해진다. 중세 유럽의 길드처럼 강력해진 이익 단체들이 정치적 영향력을 활용해 기득권을 지키면서 근로 윤리가 쇠퇴하고 "국가에 대한 존경심을 잃어갈 때, 우리는 개인의 자

    격변의 시대, 위기를 지배하라

존심에 집중한다"라는 현상으로 애국심은 소멸한다.

이러한 국가적 흥망성쇠의 역사적 패턴은 '빈곤 탈피-풍요 사회-공공 팽창-세금 폭증-통제 강화-공동체 의식 약화-쇠퇴와 소멸'로 압축된다. 이를 관통하는 핵심 개념은 '교만과 방종'이다.

19세기 영국의 사상가 토머스 칼라일은 "인간은 역경(逆境)을 이기는 이가 100명이라면 풍요를 이기는 이는 한 명도 안 된다"라고 통찰했다. 이는 국가적 차원은 물론 조직 및 개인적 차원에서도 마찬가지다.

개인의 인생에도 실패와 도약의 패턴이 있다

빈천은 근검을 낳고, 근검은 부귀를 낳고, 부귀는 교사(驕奢, 교만과 사치)를 낳고, 교사는 음일(淫逸, 방종과 나태)를 낳고, 음일은 다시 빈천을 낳는다.

개인 차원의 삶에서 빈자가 부자가 되고 부자가 다시 빈자가 되는 핵심이 바로 이 짧은 구절에 압축되어 있다. 20세기 전반 중국에서 후흑학(厚黑學)을 주창한 이종오의 부친은 말년에 세 권의 서적만을 애지중지하고 읽었는데, 그중 한 권인 『귀심요람』에 나오는 이 구절을 애송하고 자식들에게 교훈으로 삼았다.

이종오는 청나라 말기 중국 사천성에서 태어났다. 그는 고향에 설립된 신학문 교육 기관인 성도고등학당에서 자연과학, 수학, 법학, 정치학, 외국어를 공부하면서 근대 정신이 충만한 신지식인으로 성장했다.

청나라가 멸망하고 중화민국이 수립되었으나 각지의 군벌들이 실질적 세력으로 발호하는 정치적 격변기에, 이종오는 봉건적 유교 사상을 통렬히 풍자해 주목을 끌었다. 1917년, 30대 나이에 『후흑학』을 출간하면서 명성을 얻기 시작했다.

빈천하다고 근검하기도 어렵지만, 부귀한 자가 교만-사치하지 않는 것은 더욱 어렵다. 교만의 핵심은 풍요로운 삶의 조건은 당연한 것이고 앞으로도 유지될 거라 믿는 것이다. 달리 말하면 오늘날의 풍요가 자신의 능력이 아니라 빈천했던 앞선 세대들의 근검에서 비롯되었다는 점을 망각하는 데 있다. 어제에 대한 망각이 오늘의 교만을 낳고 내일의 빈천으로 이어지는 것은 당연한 수순이다.

기업도 마찬가지다. 기업 수명이 30년을 넘기기 어려운 것은 세상이 변하는 탓도 있지만, 성공이 주는 교만에 빠지는 것이 핵심이다. 빈천한 태생의 창업주는 근검하게 사업을 일구면서 자연스럽게 내공이 쌓인다. 반면 다음 세대는 다르다. 빈천과 근검의 결과물인 재산은 물려받았지만, 다음 세대가 재산의 원천이 된 빈천과 근검의 정신을 이어받지 못하면 쇠퇴하기 마련이다.

지리·기술·자원이 충돌하는 격변의 시대

현재 국제 질서는 전통적인 지정학(地政學)에 더해 첨단 기술 역량에 기반한 기정학(技政學), 자원 보유국들이 블록을 형성하면서 세력화하는 자정학(資政學)의 세 가지 요인이 중첩되고 교차하고 변화하면서 불확실성이 증폭되는 위기적 국면이다.

제2차 세계대전 이후 미국과 소련이 이념으로 대립하는 냉전기와 공산권 붕괴를 거치며 80년가량 지속된 국제 질서가 기술과 자원이 주요 변수로 등장하는 패러다임 전환기를 맞고 있다.

전통적 지(地)정학적 요인에 AI, 반도체 등 첨단 기술력이 국제 정세에 영향을 미치는 기(技)정학, 최근 브릭스(BRICS)를 중심으로 천연자원 보유국들이 블록화하는 자(資)정학적 변수가 교차되며 국제 질서가 변화하고 있는 것이다.

19세기에 등장한 지정학은 대륙, 해양, 해협, 반도 등의 지리적 위치에 따라 국제정치적 위상이 영향을 받는다는 접근이다. 서구 열강 간 각축과 세력 확장에 따른 역학 관계를 반영한다.

20세기 후반에 제기된 기정학은 첨단 기술 역량을 국제 외교의 주요 변수로 본다. 대만의 세계적 반도체 기업인 TSMC는 중국에 맞서는 전략적 가치의 핵심으로 나라를 지키는 신성한 호국신산(護國神山)으로 불린다.

자정학은 21세기 들어서 미국-EU에 대립하는 브릭스의 블록화에 기타 국가가 합세하면서 부각되고 있다. 러시아-우크라이나전쟁 이후 세계 10대 자원 부국인 러시아, 사우디아라비아, 이란, 중국, 브라질, 이라크 등의 연계가 긴밀해지고 있다. 이들은 자원 거래에서 자국 통화를 사용하고 향후 공동 통화를 만들어 기축 통화인 달러 체제에서 이탈하려는 의도를 가시화하고 있다.

글로벌 개방 경제에서는 단순 거래 상품이었던 희토류, 우라늄 등 일부 천연자원이 블록 경제에서는 국가안보 차원의 전략 물자로 성격이 변화하고 있는 것이다.

지정학 관점에서 우리나라 산업화는 미국-소련이 대립하는 냉전 체제에서 기회 영역을 확보했다. 자유민주 진영의 최전선이라는 전략적 가치로 선진국의 자본과 기술을 도입하고 수출 시장이 열렸다.

우리 기업들은 1960년대 본격적 산업화가 시작된 이후 사업 환경의 기본 조건으로 전제한 요인들이 급변하는 초유의 위기적 국면에 직면해 있다.

전통적 지정학에 기술 패권을 둘러싼 기정학, 자원을 무기화하는 자정학이 복합적으로 얽힌 국제 질서에서 사업을 이끌어 나가야 하는 상황이다.

이를 헤쳐나갈 방법도 고차 방정식처럼 어렵고 복잡할 수밖에 없다. 그러나 늘 그렇듯 변화와 위험이 가득한 위기 상황에서 역설적으로 기회의 공간이 열린다.

결집하지 못한 공동체는 패배한다

러시아의 소설가 레프 톨스토이는 『안나 카레니나』에서 "행복한 가정은 모두 엇비슷하지만, 불행한 가정은 저마다 다른 불행을 안고 있다"라고 했다. 이것을 위기 극복의 역사라는 관점에서 바라보면 '위기는 저마다 다른 형태로 다가오지만, 위기를 이겨 내는 방법에는 공통점이 있다'로 바꿔 볼 수 있다.

조직이 처한 환경과 특성에 따라 위기는 다른 모습으로 찾아온다. 국가를 위협하는 전쟁, 공동체 내부의 분열, 외부 경쟁자의 도전, 개혁에 대한 내부 반발 등 그 양상은 매우 다양하지만 위기 극복의 방법에는 공통점이 있다.

리더 그룹을 중심으로 한 조직 전체의 자신감과 투지, 핵심 가치 공유, 임기응변이 아닌 원칙에 따른 대처, 현실적인 전략 등이 바로 그것이다. 이러한 공통분모를 한마디로 정리하면 '뭉치면 살고 흩어지면 죽는다'이다.

위기를 맞은 조직의 최우선 과제는 내부 단결이다. 조직은 외부 위협보다 내부 분열에 더욱 취약하다. 강력한 외부 위협은 내부 단결로 이겨 낼 수 있지만, 분열된 조직은 사소한 환경 변화에도 무너져 내리기 때문이다.

내부 단결을 위해서는 단결의 구심점이 있어야 한다. 구심점은 바로 리더 그룹이다. 조직은 리더를 중심으로 형성된 동심원이고, 위기 상황에서는 더욱 그렇다.

리더 그룹은 자신감과 투지로 무장해 위기 극복의 방향성을 조직에 제시하고, 핵심 가치 중심으로 조직 전체를 단결시켜야 한다. 위기일수록 내부 분열 요소는 단호하고 신속하게 제거해 총력 동원 체제를 구축하는 것이 급선무다.

폭풍우가 위대한 뱃사공을 만든다

위기를 맞은 조직에서는 이를 극복하고 생존하는 것이 일차적 과제다. 그러나 이것만으로는 부족하다. 위기를 단순히 극복하는 것은 필요조건이고, 이를 도약의 계기로 삼는 것이 충분조건이다.

위대한 리더와 성공한 조직은 위기를 통해 재도약의 기회를 잡고 더욱 발전했다. 고대 로마는 국가의 존망을 건 카르타고와의 포에니전쟁을 치러 내면서 지중해 세계를 제패했고, 근대 서양의 포르투갈, 스페인, 영국도 위기를 극복하면서 변방 약소국에서 강대국으로 변모했다.

1960년대 이후 우리나라 경제가 발전한 과정 자체도 위기 극복의 연속이었다. 1945년 8.15 해방 후 그나마 남아 있던 취약한 인적·물적 자원조차 한국전쟁으로 잿더미가 되어 버린 절망적인 상황에서 출발해 세계 10대 경제 대국으로 도약한 것은 국가적 차원은 물론 개별 기업 차원에서도 고비 때마다 위기를 극복하고 새로운 도약의 계기를 잡는 연속적 과정이었다. 1997년 IMF 구제금융

   격변의 시대, 위기를 지배하라

위기는 역설적이게도 우리나라 대표 기업이 글로벌 기업으로 도약하는 변곡점으로 작용했다.

현재 우리 기업들은 지리-기술-자원이 중첩되어 지정학-기정학-자정학적 요인들이 상호작용하면서 글로벌 질서가 격변하는 삼각파도의 위기에 직면해 있다.

이러한 위기를 극복하고 재도약의 기회를 잡기 위해 가장 중요한 점은 경제 주체들의 자신감이다. 개인의 인생과 기업의 비즈니스 모두가 '미래는 만들어 가는 것이고 가능성을 찾아가는 과정'이기 때문이다. 폭풍우가 몰아칠 때 위대한 뱃사공이 탄생하듯 조직도 위기를 진정한 변화를 이끌어 내는 과정으로 승화시켜야 한다.

『로마인 이야기』의 저자 시오노 나나미는 "인간은 자기가 살았던 시대의 위기를 다른 어느 시대의 위기보다 가혹하게 느끼는 성향이 있다"라고 갈파했다.

현재의 두려움과 불안감을 이겨 내고, 각자 처한 상황을 객관화해 현실을 정확하게 직시하고, 올바른 방향을 도출해 공동체 전체가 뭉쳐 생존과 도약의 기회를 찾아 나가야 할 중요한 시점이다.

2026년 3월

김 경 준

목차

들어가며 _ 위기의 파도 위에서 길을 찾다 006

1부
위기 앞에서 리더가 장악해야 하는 것

1장 두려움이 아닌 확신을 전염시켜라 024

리더의 공포는 조직의 붕괴로 이어진다 025 ┃ 확신은 말이 아니라 태도에서 전파된다 027 ┃ 신념이 있을 때 변화는 시작된다 036 ┃ 평정심을 잃는 순간, 리더십은 끝난다 046

2장 냉혹한 현실 위에 낙관을 세워라 048

보고 싶은 현실이 아닌 직면해야 할 현실 049 ┃ 낙관은 감정이 아니라 전략이다 051 ┃ 희망은 조직 안에서 설계된다 059 ┃ 냉정함과 믿음은 함께 갈 수 있다 065

3장 위기에는 소수가 방향을 잡는다 068

위기 국면에서는 톱-다운이 정답이다 069 ┃ 컨트롤 타워는 정예로 구성하라 071 ┃ 평시의 분권은 위기에는 독이 된다 076 ┃ 핵심 자리에 핵심을 앉혀라 081

4장 위기를 견디게 하는 단 하나의 가치 083

의미 없는 일에 사람은 목숨을 걸지 않는다 084 ┃ 명분은 조직의 정신력을 끌어올린다 086 ┃ 위기를 대하는 태도를 명확히 하라 094 ┃ 결집할 가치가 있을 때 조직은 버틴다 099

5장 유연성은 전략이고 원칙은 생존이다 101

원칙은 위기일수록 더 엄격해야 한다 102 ┃ 원칙은 말이 아니라 힘으로 지켜진다 103 ┃ 원칙 없는 돌파는 없다 110 ┃ 철학 없는 유연성은 파멸로 간다 115 ┃ 원칙 훼손은 공동체를 파멸시킨다 120

6장 내부의 균열을 방치하지 마라 122

외부보다 위험한 것은 내부의 분열 123 ┃ 균열은 초기에 제거해야 한다 124 ┃ 위기 대응력은 내부 단속에서 나온다 132 ┃ 분열을 키우는 관용은 치명적이다 138

2부

위기 속에서 판을 뒤집는 전략의 기술

7장 같은 방식으로는 같은 실패만 반복된다 142

승리는 반복되지 않는다 143 ▎틀을 깨야 출구가 보인다 144 ▎기존 사업을 다시 정의하라 154 ▎길이 막히면 판을 바꿔라 161

8장 가장 단단한 지지 기반부터 지켜라 163

근거지가 무너지면 전쟁은 끝이다 164 ▎지지 기반 없는 확장은 허상이다 165 ▎충성도는 최고의 성장 자산이다 172 ▎위기일수록 중심을 강화하라 177

9장 최악을 상정하는 순간, 위기는 통제된다 179

위기는 단속점에서 터진다 180 ▎최악을 가정하고 최선을 설계하라 181 ▎위기를 견디는 시나리오를 준비하라 190 ▎예고된 위기는 이미 반쯤 해결된 위기다 194

10장 적을 선택적으로 상대하라 196

강자는 무력화하거나 끌어들여라 197 ▎약자는 정면으로 제압하라 198 ▎영원한 적도, 영원한 동지도 없다 202 ▎생존 앞에서 전략은 냉혹해야 한다 207

11장 심리를 장악한 쪽이 승리한다 209

리더의 진짜 무기는 소프트 파워다 210 ▎정세 판단과 심리전이 결합되면 필승이다 211 ▎대중의 감정은 설계할 수 있다 221 ▎인간의 불완전함을 전략으로 활용하라 228

3부
위기를 지배하는 조직은 무엇이 다른가

12장 위기를 제도 개혁의 기회로 바꿔라 232

극복만으로는 부족하다 233 ▎위기 속에서 제도를 재설계하라 234 ▎
새로운 비즈니스 모델은 위기에서 탄생한다 242 ▎위기를 도약의 발
판으로 삼아라 251

13장 보상 구조가 행동을 결정한다 253

위기 극복에도 설계가 필요하다 254 ▎돈과 명예는 가장 현실적인 동
기다 255 ▎성과와 보상을 정직하게 연결하라 264 ▎신뢰는 보상 구
조에서 완성된다 270

14장 통합할 수 있을 때, 공동체는 산다 271

포용은 이상이 아니라 전략이다 272 ▎원칙 있는 통합이 핵심이다
274 ▎상생의 철학이 재도약을 만든다 284 ▎공동체의 생존이 최종 목
표다 289

리더는 조직 그 자체다. 리더가 흔들리면 조직도 흔들린다. 리더의 인간적 한계는 인정하더라도, 리더는 리더이기 때문에 한계를 넘어서야 한다. 내면적 두려움과 회의를 극복하고 비전을 확고히 하며 용기와 투지로 스스로를 무장해야 조직 전체가 힘을 갖는다. 위기 속에서 조직을 이끌어야 하는 리더의 내면적 두려움과 고뇌가 깊어지는 것에 비례해 의식적·무의식적으로 용기와 투지를 유지하려고 노력해야 한다. 리더가 평정심을 잃으면 조직은 끝이다.

1부

위기 앞에서 리더가 장악해야 하는 것

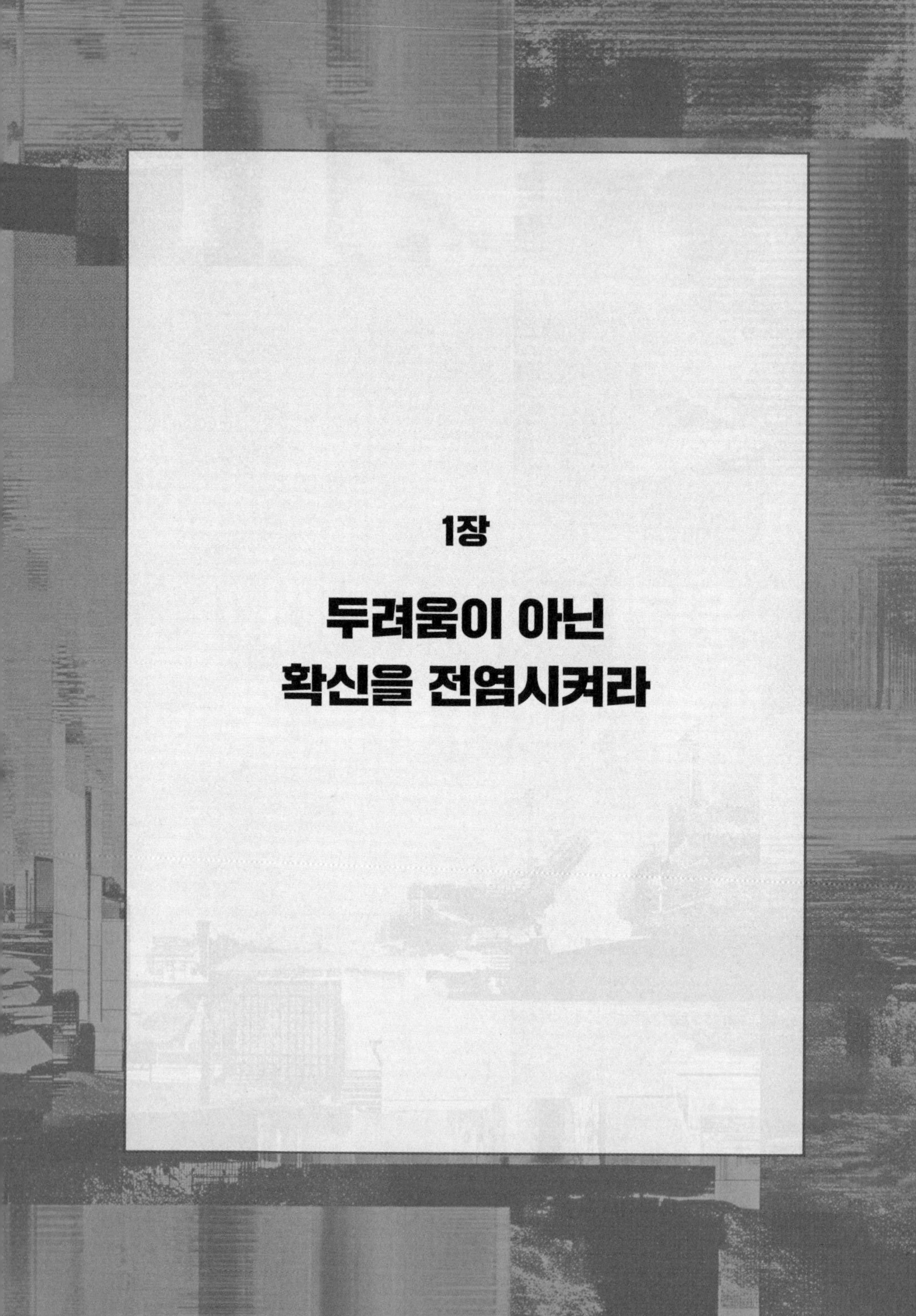

1장

두려움이 아닌
확신을 전염시켜라

리더의 공포는
조직의 붕괴로 이어진다

조직은 리더를 중심으로 돌아가는 소우주다. 태양을 중심으로 지구를 비롯한 태양계의 혹성들이 도는 것처럼, 크든 작든 조직은 리더를 중심으로 돌아간다. 리더와의 거리가 바로 조직 내의 위상이고, 리더의 사고방식과 세계관은 조직 문화의 바탕을 이룬다.

리더의 심리 상태 역시 곧바로 조직 전체로 전파된다. 리더가 두려움에 휩싸이면 조직은 공포에 짓눌리고, 리더가 용기와 투지를 불태우면 조직도 따라간다. 리더의 수준이 곧 조직의 수준으로 직결되는 것이다.

역사적으로도 탁월한 리더를 만난 조직이 이룬 커다란 성취는 무수하게 찾아볼 수 있지만, 잘 짜인 조직이 용렬한 리더를 만나 지리멸렬해진 경우도 부지기수다.

그러나 리더의 내면은 고독하다. 어려운 상황에서 조직을 이끌어 나가야 하는 리더의 입장은 결코 쉽지 않다. 리더를 위해 헌신하는 참모들이 있고 개인적인 조언을 구할 사람들이 있더라도, 결국 최종 결정은 온전히 리더의 몫이다.

리더도 인간이기 때문에 미래를 완벽하게 예측하고 의사결정을 내릴 수는 없다. 최선을 다해 정보를 수집하고 상황을 파악해 결정을 내리지만, 엄밀히 따져 그 결정이 옳다는 보장은 없다. 그렇더라도 리더는 조직의 명운을 가르는 의사결정을 해야 하는 입장에 설 수밖에 없다.

특히 위기를 맞아 자신의 결정에 따라 조직 전체의 운명이 결정되는 상황에서 리더가 내면적 고독과 두려움에 휩싸이는 것은 어쩌면 당연한 일이다. 하지만 리더의 운명은 이러한 사치를 허용하지 않는다. 조직을 이끌어 가야 하는 리더는 자신의 내면적 고뇌와는 별도로 조직 전체에 강력한 용기와 투지를 불러일으키는 출발점이 되어야 한다.

조직의 중심인 리더가 흔들리면, 조직의 어떠한 강점도 빛을 잃는다. 따라서 리더는 내면적 자신감으로 무장해 인간이라면 누구나 느낄 수 있는 두려움을 극복해야 한다. 리더의 자신감, 용기와 투지야말로 조직이 위기를 극복하는 출발점이다. 위기에 맞서 조직을 이끌어 가는 리더의 출발점은 바로 자기 자신이기 때문이다.

확신은 말이 아니라 태도에서 전파된다

| 이순신 | 죽고자 하면 살고 살고자 하면 죽는다

우리나라의 역사적 인물 중에서 이순신 장군은 영웅(英雄)의 차원을 넘어 성웅(聖雄)으로 추앙받는다. 임진왜란으로 조선이 패망 직전에 몰렸을 때 바다에서 반전의 계기를 만들었다.

일본군의 기본 전략은 수륙병진(水陸竝進), 육지와 바다에서 나란히 진격해 승리하는 것이었다. 육군이 부산의 동래성을 시작으로 충청도를 거쳐 서울로 진격하는 동안, 수군은 부산 앞바다를 시작으로 남해를 돌아 서해를 거쳐 한강으로 진입해 서울에 도착하는 작전 개념이었다.

일본 육군은 작전 계획에 따라 순조롭게 전진했으나, 일본 수군은 이순신 장군이 이끄는 조선 수군에 연패하면서 침공 작전의 기본 구도가 붕괴되었다. 특히 바다를 통한 보급로를 확보하지 못하면서 전쟁이 장기화될수록 일본군의 전력은 약화되었다.

결과적으로 이순신 1인이 전쟁의 판도를 뒤집어 버렸다. 이순신의 전투 중에서도 명량해전은 가장 극적이면서도 유명하다. 후임자 원균의 참패로 사실상 궤멸해 버린 조선 수군의 잔여 병력으로 일본 수군의 주력을 막아낸 기념비적 승리다.

1597년 9월 16일 아침, 명량해협에는 팽팽한 긴장감이 감돌았

다. 좁은 해협을 사이에 두고 조선과 일본의 함선들이 도열해 있었다. 조선의 함선이 12척인 반면 일본의 함선은 130여 척이었다. 병사들의 사기도 일본이 앞섰다.

이순신이 관직을 박탈당하고 백의종군 중이던 7월 16일, 수군통제사 원균이 이끈 조선 수군은 일본의 공격으로 완전히 궤멸했다. 원균과 전라우수사 이억기가 전사했고, 함선 100여 척에서 12척만 남았다. 선조는 자신의 실책을 인정하고 이순신에게 수군통제사의 지위를 제수했지만 조선 수군의 전투력은 사실상 소멸된 상태에서 허울만 남은 지휘관에 취임한 셈이었다.

이순신은 벽파진에 진을 치고 정찰병을 보내 적의 동태를 감시했다. 9월 7일 밤에 적선이 포를 쏘며 공격해 왔다. 적의 막강한 화력에 놀란 조선 수군은 움츠러들 뿐 아무도 나서지 않았다. 이순신은 곧장 적선 앞으로 자신의 함선을 전진시킨 뒤 대응 사격을 실시했다. 뜻하지 않은 강한 반격에 적선은 일단 후퇴했다.

대규모 공격을 예감한 이순신은 9월 15일 벽파진에서 전라우수영으로 진을 옮겼다. 벽파진은 넓은 비다라 변수가 많았지만 전라우수영 앞에는 좁은 명량해협뿐이었다. 이순신은 출정에 앞서 장수들을 모아놓고 연설했다.

병법에 죽고자 하면 살고, 살고자 하면 죽는다고 했다. 또한 한 사람이 길목을 지키면 능히 천 사람이라도 두렵게 한다고 했다. 그것은 지금 우

 격변의 시대, 위기를 지배하라

리를 두고 한 말이다. 너희 여러 장수들은 살려고 생각하지 마라. 조금이라도 명령을 어기면 군법으로 다스릴 것이다.

적선이 다가오기 시작했다. 죽음도 불사하라고 이순신이 엄명을 내렸지만 이번에도 아무도 나서지 않았다. 이순신의 함선이 홀로 적선에 맞섰다. 이순신은 대포를 쏘며 적을 공격했다. 수군통제사 이순신의 분투는 조선 수군의 투지를 되살렸고 일제히 공격에 나서서 승리를 거뒀다.

조선 수군에서 침몰한 군선은 없었지만 일본 수군의 군선은 31척이 수장되었다. 조선 수군의 전사자는 30명 내외였으나 일본 수군의 전사자는 4천 명에 이르렀다. 10 대 1의 전력 차이를 극복한 완전한 승리였다. 세계 해전 역사상 최고의 전투로 일컫는 명량해전을 승리로 이끈 원동력은 바로 이순신의 투지였다.

이순신은 우리와 다른 세계에 사는 신화 속 영웅이 아니다. 자신의 칼에다 '한번 휘둘러 쓸어 버리니, 피가 강산을 물들이도다'라고 새겨 놓고도 한밤중 하늘을 나는 기러기 떼를 바라보며 가슴 속에 근심이 가득하던 고독한 인간이었다. 죽음을 두려워하는 면에서 그는 범부와 다르지 않았다.

『이순신의 두 얼굴』(2004)의 저자 김태훈은 이순신을 다음과 같이 평가했다. "이순신은 결코 태어날 때부터 영웅이 아니었다. 시련 속에 자신을 내맡기고 무인의 강골로 일관된 길을 걸었다. 이순신은 스스로를 단련시키며 '평범'에서 '비범'으로 나아간 진정한 영웅이었다. 이순신은 안으로는 자신과, 밖으로는 무능한 조정과, 대외적으로는 일본과 싸움을 벌였다. 그는 싸움을 통해 평범한 인간에서 영웅으로 올라섰다."

| 윈스턴 처칠 | 우리의 목표는 승리다

윈스턴 처칠은 제2차 세계대전에서 연합국 승리의 결정적 전환점을 만든 영웅이다. 1940년 5월 13일, 영국의 신임 총리 처칠은 의회 연단에 섰다.

해가 지지 않는 나라였던 대영제국은 나치 독일과의 전쟁에서 절체절명의 위기를 맞고 있었다. 1939년 9월 1일 독일의 히틀러와 소련의 스탈린은 폴란드를 침공했고, 영국은 9월 3일 독일에 선전포고를 했다. 그러나 당시 영국 총리 네빌 체임벌린은 유화론자였다. 영국은 적극적인 공격 대신 해상 봉쇄와 경제 압박으로 독일에 대응했지만 독일은 덴마크에 이어 노르웨이까지 점령했다.

1940년 5월 10일 나치 독일이 프랑스-벨기에-네덜란드 침공을 개시했고, 불과 10일 만인 5월 20일 독일군 기갑 부대가 프랑스 북부 해안까지 진격해 덩케르크에서 영국-프랑스 연합군 30여만 명을 포위했다.

6월 14일 독일군이 파리로 입성했고 6월 24일 프랑스가 공식 항복했다. 6주 만에 프랑스를 정복한 독일의 아돌프 히틀러가 서유럽

     격변의 시대, 위기를 지배하라

대륙 전역을 정복했고 영국만이 홀로 고립되었다. 독일의 영국 침공은 명약관화였고 영국 내부적으로도 독일과의 전쟁에 회의론이 비등했다.

체임벌린이 전쟁 발발에 대한 책임을 지고 사퇴하면서 처칠이 신임 수상으로 취임했지만, 전황은 최악이었다. 1940년 5월 13일 처칠은 하원의 첫 연설에서 "저는 피와 땀과 눈물밖에는 바칠 것이 없습니다. 우리의 정책은 육지에서, 바다에서, 공중에서 전쟁을 하는 것입니다. 우리의 목적은 승리입니다"라고 연설하며 나치 독일에 결코 굴복하지 않겠다는 의지를 천명했다.

독일군이 프랑스 파리에 입성한 후인 6월 18일 처칠은 다시 하원 연단에 섰다. 그는 영국의 전쟁이 시작되고 있으며, 국가의 운명이 걸려 있다고 강조했다. 최악의 상황에서 오히려 '최상의 시간'이라는 단어를 사용하며 영국민들의 투지를 불러일으켰다.

우리는 의무를 수행할 결의를 굳게 다져야 합니다. 만약 대영제국과 연방이 천 년간 계속된다면 사람들은 암흑 같은 이 시대가 실은 최상의 시간이었다고 말할 것입니다.

독일 공군의 영국 폭격이 시작되었다. 런던을 비롯한 주요 도시에 폭탄이 떨어지는 와중에도 처칠은 승리에 대한 확신을 잃지 않았다. 그는 피폭 지역을 찾아가 연설하며 특유의 V(victory) 사인으로 결전을 독려했다.

처칠의 투지로 영국민들은 일치단결해 독일과의 항전에 적극적으로 참여했다. 독일 폭격기 공습에 대한 영국 공군의 방어 전략이 점차 효과를 발휘하면서 결국 독일 공군은 패배하고 물러났다.

영국이 독일에 맞서 강력한 저항을 이어가면서 미국에서도 참전에 대한 논의가 본격화되었다. 미국 프랭클린 D. 루스벨트 대통령은 군수물자 원조를 시작했고 영국과의 연합군으로 참전했다.

1945년 5월 8일 처칠은 취임 후 5년 만에 유럽 전선에서 승리를 거뒀다고 국민 앞에 선언했다. 전쟁 초기 연전연승하는 독일의 막강한 군사력을 고립무원의 영국이 뒤처지는 군사력으로 막아 내고 승리를 거둔 전환점은 처칠의 투지와 용기였다.

제2차 세계대전의 영웅 처칠의 용기는 이전에 겪은 수많은 패배와 좌절에서 생겨났다. 1874년에 태어난 처칠은 1900년 불과 25세의 나이로 하원의원에 당선되었고 1911년 해군장관에 오르는 등 출세 가도를 달렸으나, 성공의 시간은 짧았다.

제1차 세계대전 당시인 1915년 그는 터키 본토와 갈리폴리반도 사이의 다르다넬스 해협 공격에 나섰다가 참패를 당해 해군장관에서 물러난다.

정계 일선에서 밀려난 처칠에게 개인적 불행까지 연속적으로 닥쳤다. 1929년 미국 증시의 대폭락으로 알거지 신세가 되어 원고료로 근근이 생활해야 하는 지경에 이르렀다. 하지만 현실 정치에서 한 발짝 물러나 개인적 어려움까지 겪으면서도 그는 상황을 냉정하게 분석하는 힘을 길러 나갔다.

1930년대 영국은 히틀러를 하찮은 인물로 치부하는 경향이 지배적이었으나, 처칠은 히틀러의 성향을 정확히 파악해 상당한 위험 인물임을 지속적으로 대중에게 알렸다.

비현실적 견해로 간주되던 그의 발언들은 독일이 강성해지고 전쟁이 임박하면서 인정받기 시작했다. 1939년 9월 영국이 독일에 선전포고를 한 후 그가 해군장관에 복귀할 수 있었던 것도 야인(野人) 기간에 보여준 정확한 정세 분석 덕분이었다.

처칠은 제2차 세계대전을 승리로 이끈 직후에 총리 자리에서 물러났다. 영국 국민은 전시의 리더로는 그를 선택했지만, 평시의 정치를 이끌기에는 적합하지 않다고 판단했던 것이다.

그러나 그는 1951년 또다시 영국 총리가 되었다. 1955년까지 4년을 더 총리로 지낸 그는 1965년 90세로 생을 마감했다. 그의 죽음을 맞은 영국은 최고 예우인 국장으로 용기와 투지로 영국을 국가적 위기에서 건져낸 영웅적 삶을 기렸다.

| 오다 노부나가 | 불굴의 투지와 치밀한 작전의 시너지

15세기 일본 전국시대의 영웅 오다 노부나가는 사카모토 료마와 더불어 일본인들이 가장 좋아하는 역사 인물로 손꼽힌다. 그는 인재 선발과 정보 분석에서 탁월했고, 낡은 제도를 바꾸고 새로운 방

식의 수용에 적극적이었다. 화폐 주조, 광산 경영, 도로망 정비, 검문소 폐지 등은 고정된 관습에서 탈피했기에 가능한 변화들이었다. 그는 자신감과 투지에 기반을 둔 강력한 카리스마로 조직을 이끌어 천하의 패권을 놓고 다투는 혼란을 종식하는 통일을 목전에 두고 있었다. 그의 수하였던 도요토미 히데요시가 통일을 완결했지만 실질적 주역은 다름 아닌 오다 노부나가였다.

백전노장 노부나가의 카리스마는 오케하자마 전투에서 여실히 드러난다. 1560년 오와리국의 태수였던 그는 이마가와 요시모토가 이끄는 4만 대군의 공격을 받았다. 당시 그의 병사는 4천여 명에 불과했다.

비상회의에 참석한 참모들의 의견은 비관적이었다. 열 배의 적에 맞서는 싸움은 무모하니 차라리 모두 자결하자는 의견까지 나왔다. 말없이 듣고 있던 노부나가는 밖으로 나가 말에 올라탄 후 출정 명령을 내리고는 아츠타 신궁(神宮)을 향해 달려갔다. 그의 뒤를 따르는 병사들은 1천여 명에 불과했다.

그는 신궁 안으로 들어가 승리를 기원하는 참배를 올렸다. 신의 계시라도 받은 것처럼 흰 비둘기가 날아올랐다. 초조함과 두려움이 섞인 심정으로 대기하고 있던 병사들의 사기가 진작되었다. 신의 도움이 있으니 어쩌면 승리할 수도 있다는 분위기가 생겨 났다.

노부나가는 병사들에게 결전을 촉구하는 연설을 했다. "적은 우리가 기습 공격을 하리라고는 생각도 못하고 있을 것이다. 적의 병

  격변의 시대, 위기를 지배하라

력이 많은 것은 사실이지만 두려워할 필요는 없다. 이 싸움에서 이기면 그대들의 이름을 후세에까지 남길 수 있다. 최선을 다하기를 바라겠다."

적진을 향해 진군을 계속하던 도중 비가 내렸다. 노부나가는 천기(天氣)까지 자신의 편으로 만들어 버렸다. "빗소리 때문에 적은 우리의 기습을 눈치채지 못할 것이다. 하늘도 우리 편이다!" 리더의 투지에 병사들은 자신감을 회복했다.

적군과 조우하자 노부나가는 말에 올라탄 후 공격 명령을 내리고는 그대로 적진으로 돌격했다. 죽음을 불사하는 리더의 모습에 병사들의 전의가 불타올랐다. 모든 병력이 노부나가의 뒤를 따랐다. 예상하지 못한 기습을 당한 적군 병사들은 혼란에 빠졌다. 난전 중에 적장 요시모토가 전사했고 이 소식이 전해지면서 승패는 결정되었다.

열 배가 넘는 적 앞에서도 당황하지 않고, 솔선수범해 적진으로 돌격한 노부나가의 용기와 투지는 승리의 결정적 원인이었다. 하지만 그는 자신감과 운에만 의존하지 않았다. 그는 자신의 용기와 투지를 조직에 전파하는 과정에서 치밀한 전략가의 면모를 유감없이 보여준다.

아츠타 신궁에서 흰 비둘기가 날아오른 것은 신이 노부나가의 편을 든다는 의미였다. 그러나 그 비둘기를 날린 사람은 다름 아닌 노부나가 본인이었다. 그는 절대 열세인 전투를 앞두고 불안과 공포에 압도되어 있는 병사들의 심리를 읽고 선수를 친 것이다.

또한 그는 전투 당일 비가 올 가능성이 상당히 높다는 것도 예측하고 있었다. 지역 호족인 야나다 마사츠나가 오랜 경험을 바탕으로 파악한 날씨와 사전에 파악한 적군의 행군 경로도 노부나가에게 알렸다. 기습에 유리한 지점의 선택에는 노부나가가 일찍이 방랑하던 시절 해당 지역의 지형을 익혔기 때문이었다.

노부나가는 일견 무모해 보이는 단신 돌격으로 병사들의 사기를 높인 것이 아니라, 철저한 사전 정보를 바탕으로 수립한 치밀한 작전으로 전투를 승리로 이끌었다.

노부나가는 강력한 카리스마로 전국시대를 평정했는데, 그의 카리스마 밑바닥에는 항상 상황에 대한 정확한 분석이 있었다. 자신감과 투지는 정확한 판세 분석과 결합할 때 더욱 큰 시너지를 발휘한다는 것이 노부나가가 주는 교훈이다.

신념이 있을 때 변화는 시작된다

| 박정희 | 신념과 추진력의 결정체, 경부고속도로

우리나라와 일본은 20세기 산업화 역사에서 유이(有二)한 신화다. 일본은 20세기 초반, 우리나라는 20세기 후반에 신화의 주역이 되

었다. 19세기 중반, 동아시아에 위치한 변방국이었던 일본은 쇄국을 버리고 개방을 택해 경제적 번영의 기초를 닦았다. 우리나라의 산업화는 일본보다 더욱 짧은 기간에 극적으로 전개되었다.

독일, 일본이 제2차 세계대전 후 단기간에 경제 발전을 이뤘지만, 이들은 100년의 산업화 역사 속에서 풍부한 인력과 기술을 갖추고 있는 상태였다. 우리나라는 산업화를 위한 기초적 인프라와 인적, 물적 자원도 없이 1945년 해방을 맞았고, 뒤이은 1950년의 한국전쟁은 그나마 남아있던 빈약한 자원도 잿더미로 만들었다.

그러나 1950년대 1인당 국민소득 세계 100위권에 머물던 우리나라는 불과 한 세대 만에 세계 10대 경제 대국으로 올라섰다. CEO 박정희의 '잘 살아보자'라는 비전, '100억 달러 수출, 1인당 1천 달러 소득'의 목표, '하면 된다'라는 투지와 자신감을 산업화 1세대의 역량 있는 기업가와 국민 전체가 공유했기 때문에 가능한 기적이었다. 경부고속도로, 울산공업단지, 포항제철 등 산업화를 상징하는 성과 중에 경부고속도로는 CEO 박정희의 통찰력과 추진력의 대표적 상징이다.

1960년대 우리나라의 1인당 국민소득은 87달러였고, 필리핀은 220달러였다. 필리핀은 서방 세계에서 아시아를 대표하는 민주주의 국가로 인정받고 있었고, 필리핀 대통령을 기념하는 '막사이사이상'의 한국인 수상은 우리나라 언론의 톱뉴스였다. 국내 최초의 돔형 실내 체육관인 장충체육관도 필리핀 기술자들이 지었다. 빈곤국의 대통령 박정희는 필리핀만큼 잘 사는 나라를 만드는 것이 소망이었다.

1960년대 초반 본격적인 경제 개발을 시작하면서 가발, 섬유 같은 경공업 수출로 활로를 찾았다. 수출품목을 고부가 가치로 변화시킨다는 전략 아래, 지금으로 치면 특별경제구역 개념의 공업단지를 건설해 집중적으로 개발했다.

부족한 사회간접자본 중에서 가장 시급한 것은 도로였다. 박정희는 1964년 12월 서독을 방문했을 때 달려 본 아우토반과 같은 고속도로가 경제 발전의 필수적 인프라라고 생각했다. 그는 1967년 4월 29일 대통령 선거 유세에서 경부고속도로 건설 구상을 처음으로 밝혔다. 대통령 당선 후 11월 7일 건설부 장관에게 경부고속도로 건설을 지시했고 12월 15일에는 조사단을 출범시켰다.

당시 경부고속도로 건설 반대 여론이 들끓었다. 고속도로를 구경한 사람은 고사하고 개념을 이해하는 사람도 드물던 시대였다. 건설부 장관을 제외한 거의 모든 관료가 반대했다. 특히 대학 교수 등 지식인 집단의 반대는 격렬했다. 이들은 경부고속도로가 환경을 파괴하고 낭비적이며 극소수 부자들만을 위한 것이라며 조직적으로 반대 운동을 전개했다.

당시 지식인 그룹의 리더 격이었던 한 교수는 '한국 사람 중에 자가용 가진 사람이 몇 명이나 된다고 농민들이 허리를 굽혀 땀 흘리며 일하는 농토를 가로질러 길을 낸단 말인가. 기어이 길을 닦아

놓으면 소수의 부자가 그들의 젊은 처첩들을 옆자리에 태우고 전국을 놀러 다니는 유람로가 되지 않겠는가 말이다'라는 요지의 글을 썼고, 자극받은 수많은 대학생이 거리로 뛰쳐나와 반대 시위를 벌였다. 정치인들도 극렬 반대 운동에 동참했다. 후진국개발기구인 세계은행(IBRD)도 경제성이 없다며 반대하는 지경이었다. 아마 국민투표를 했다면 90% 이상의 반대로 무산되었을 것이다.

그러나 국가 개조의 비전을 가진 박정희는 반대를 일축하고 고속도로 건설을 강행했다. 당시 우리나라에 고속도로 건설 경험이 있는 회사는 현대건설이 유일했다. 1965년 태국 나라티왓고속도로 건설 공사를 수주해 시공한 경험이 있었다. 그렇게 CEO 박정희, COO 정주영 콤비는 경부고속도로 건설에 착수했다.

1968년 2월 1일 기공식 후 공사는 놀라운 속도로 진전되었다. 그해 12월 21일, 서울-수원 구간이 완공되었고, 8일 후 수원-오산 구간이, 1969년에는 오산-천안, 천안-대전, 대구-부산 구간이 차례로 완공되었다. 1970년 7월 7일 서울-부산 간 428km 구간에 대한 개통식이 열렸으니, 첫 삽을 뜬 지 2년 6개월 만에 초스피드로 건설된 것이다.

세계에서 가장 가난한 나라로 돈도 기술도 부족했던 시절, 경부고속도로 건설을 가능하게 한 힘은 자신감과 투지였다. 박정희는 전쟁을 치르듯 공사를 지휘했다. 헬리콥터와 지프로 수시로 공사 현장을 방문하고 진행 상태를 확인했다. 지도까지 직접 들고 와 공사 현장을 점검하는가 하면, 연필로 그림을 그려 가며 세부적인 부분까지 일일이 관여했다.

정주영은 '공기 단축'을 구호처럼 붙이고 살았다. 당시 국내에 있던 건설 장비를 모두 합친 것보다 더 많은 건설 장비를 외국에서 들여왔고, 땅이 얼면 짚을 깔고 휘발유를 뿌려 불을 질렀고, 그래도 되지 않으면 트럭에 버너를 달고 왕복 운행하며 공사를 강행했다.

박정희는 고속도로를 개통한 후 '대(大) 예술작품'이라고 표현했다. 경부고속도로가 상징하는 우리나라의 경제 발전은 이와 같은 신념과 투지, 자신감의 결과물이었다.

1961년 1인당 국민소득은 82달러에 불과했지만 1979년에는 1,636달러를 기록해 연평균 18% 증가했고, 수출은 연평균 38% 증가라는 경이적 기록을 세웠다. 1960년대 굶어 죽지 않는 것이 일반인들의 최대 과제였던 절대 빈곤국이 오늘날 세계 10대 경제 대국으로 발전한 것은 행운이나 우연이 아니라 리더 그룹의 신념과 투지, 자신감을 국민 전체가 공유할 수 있었기 때문이다.

| 박태준 | 우향우 정신으로 이룩한 기념비, 포항종합제철

1960년대 산업화를 시작한 우리나라 정부는 종합제철소 건설을 추진했다. 제철소 없이 '재래적 농업 국가'를 '근대적 산업 국가'로 변모시킬 수는 없었다. 미래를 위해 필수적인 제철소였지만 이를 건설하기 위한 자금과 기술이 아예 없었다.

1964년 새해, 박정희 대통령은 박태준 대한중석 사장을 호출했다. 일본 자민당 부총재가 국교 정상화를 통해 청구권 자금을 마련해 경제 발전에 사용하면 양국 모두에게 이익이 되리라는 제안에 기초해 제철소를 건립하라는 지시였다. 당시의 빈곤국 한국은 자체적인 국제 신용으로는 산업 발전을 투입할 자금 마련이 어려웠기에 일종의 돌파구가 생긴 셈이었다. 이후 박태준 사장은 일본에서 10개월간 머물면서 제철소 설립 기반을 만들었다.

1968년 4월 1일 국내 최초의 종합제철소인 포항제철이 창립되었다. 그러나 포항 해안 허허벌판의 부지에 창립 요원 서른아홉 명은 기술과 경험은 고사하고 제철소 핵심 설비인 용광로 구경도 못해 본 사람들이었다.

세계적인 철강 전문가들은 이구동성으로 제철소 건립의 무모함을 지적했다. 국내에서도 조상의 혈세를 불가능한 사업에 퍼붓는다는 의견이 지배적으로 건설 자금도 절대 부족한 극한 상황에서 1970년 4월 1일 1기 설비의 착공이 시작되었다.

박태준 사장은 전투사령부 격인 임시 건물에서 직접 건설을 지휘했다. 드넓은 모래벌판에 홀로 서 있는 가건물은 제2차 세계대전에서 북아프리카 사막전을 지휘한 독일 장군의 이름을 본 따 롬멜하우스로 불리었다. 후일 박태준 사장은 롬멜하우스에서 제철소 건설을 진두지휘하던 시절의 심정을 회고했다.

사람이 하는 일은 사람의 정신에 달려 있다.

사장도 인간인데 어찌 두려움이 없겠는가. 그렇기 때문에 더욱 철저히 준비해야 한다. 두려움이 압도하게 해서는 안 된다. 사장이 두려움에 압도되면 임원, 직원까지 무너지게 되어 있다.

절대 쉬운 일이 아니었다. 그러나 나름대로 준비했었고 자신도 있었다. 청구권 협상으로 일본에 갔을 때부터 틈만 나면 제철소를 보러 다녔는데, 당시 제2차 세계대전 후 건설한 최신 제철소는 일본에만 있었다. 박 대통령께 제철소 건설 임무를 부여받고 공부도 많이 했는데, 공정의 배열, 수송 이 두 가지가 핵심적인 성공 요소라고 판단했다. 돈만 있다면 지을 자신이 있었다. 그러나 무엇보다 중요한 것은 정신력이다. 정신력이 부족하면 기술, 돈이 있어도 결과는 뻔하다. 롬멜하우스에서 우리는 정규군이라기보다는 게릴라에 가까웠다. 그 게릴라들은 포철 정신으로 무장했었다.

포철은 대일청구권 자금으로 지었다. 바로 우리 조상의 혈세다. 실패하면 조상에게 죄를 짓는 것이니, 목숨 걸고 일해야 한다. 실패하면 우리 모두 '우향 우'해서 영일만 바다에 빠져 죽는다. 제철보국(製鐵報國), 이것은 우리 포철인들의 신념이 되어야 한다고 생각했다. 64년에만 해도 우리나라에는 결식아동이 50%가 넘었고 굶는 것은 아예 생활이었다.

나는 기필코 제철소를 성공시켜 5천 년 절대빈곤의 사슬을 끊고 사람답게 살 수 있는 나라를 만들어 보겠다는 신념이 있었다. 나 자신도 공기 단축을 위해 하루 3시간 자면서 공사를 독려한 적도 부지기수다. 이러니 부실공사를 그냥 넘어갈 수 있었겠는가. 77년 8월, 내가 직접 찾아낸 부실공사 현장은 공정률 80%였지만, 직원들이 보는 앞에서 폭파식까지 가지며 다이너마이트로 날려 버렸다. 고마운 것은 이 신념을 우리 직원들이 이해하고 따라와 줬다는 점이다.

제철소 건설은 기록적인 속도로 진척되었다. 5년 이상 걸리는 종합제철소지만 3년 3개월만인 1973년 7월 3일 연간 생산량 103만 톤 규모의 1기 설비가 종합 준공되어 준공식과 함께 첫 쇳물을 쏟아냈다. 포항제철소는 우리나라가 섬유, 가발 등의 경공업에서 자동차, 가전 등의 중화학공업으로 발전하는 기반이 되었다.

| 손정의 | 손의 제곱법칙으로 AI 산업 리더로 성장하다

소프트뱅크 손정의 회장은 20세기 후반부터 본격화된 글로벌 정보 혁명의 아이콘이다. 1957년생인 그는 1955년생 빌 게이츠, 스티브 잡스와 함께 20세기 후반 IT 산업 성장의 주역이었고 2020년대까지도 유일한 현역으로 활동하고 있다.

2014년 소프트뱅크는 NTT, 토요타에 이어 일본 역사상 세 번째로 영업이익 1조 엔을 돌파하는 기록을 세웠다. 창업 후 33년의

단기간에 거둔 성취는 손정의가 20대 초반에 일찍이 확립한 세계관과 인생관, 전략 전술과 리더십의 산물이다.

벤처 기업가로 도약하던 시절 예기치 않게 닥친 병마와 싸우며 절망과 고통의 병상에서 오다 노부나가, 사카모토 료마 등 일본의 역사적 영웅들의 삶과 중국『손자병법(孫子兵法)』에서 용기와 지혜를 얻어 자신의 신념과 철학을 25문자로 압축했다.

『손자병법』저자와 자신의 성씨가 동일한 손(孫)이라는 점에 착안해 '손의 제곱법칙'으로 이름 지은 25문자는 이후 인생 계획을 세우고 미래를 바라보는 전략적 관점에서 사업을 이끌고 사람을 대하며 조직 운영 시스템을 구성하는 기본 프레임이 되었다.

'50대에 사업을 완성하고 60대에는 다음 세대에 사업을 물려준다'라는 인생 계획에 따라 53세인 2010년 7월 28일 미래 지도자를 양성하고자 소프트뱅크 아카데미아를 개교했다. 그룹사의 직원은 물론이고 공개 모집을 통해 외부 지원자도 받는 학교의 교장으로 취임한 손정의는 개교식 특별강의에서 제일 먼저 "지금까지 저는 온갖 경험을 했으며 시련도 많이 겪었습니다. 그 과정에서 25문자를 달성하면 리더십을 발휘할 수 있다. 후계자가 될 수 있다. 진정한 통치자가 될 수 있다고 생각했습니다. 이것은 그런 힘을 가진 25문자입니다"라며 '손의 제곱법칙'을 소개했다.

'손의 제곱법칙'은『손자병법』의 핵심 내용 14문자와 손정의가 창작한 11문자를 합친 25문자다. 도입은『손자병법』「시계(始計)

　격변의 시대, 위기를 지배하라

편」 '도천지장법(道天地將法)'이다. 그 의미는 뜻을 세우고, 천시를 얻고, 지리를 얻은 다음, 우수한 부하를 모으고, 지속적으로 승리하는 시스템을 만든다. 다음은 손정의 창작 10문자다. 정정략칠투(頂情略七鬪)은 비전을 선명하게 그리고, 정보를 최대한 모으면서 죽을 힘을 다해 전략을 궁리하고, 70% 승산이 있는지 파악하고, 70% 승산이 있다면 과감하게 싸운다는 의미다. 일류공수군(一流攻守群)은 손정의 경영관의 정수다. 철저히 1등에 집착하고, 시대의 흐름을 재빨리 읽고 행동하며, 다양한 공격력을 단련하고, 온갖 리스크에 대비해 수비력을 갖춘 후, 단독이 아닌 집단으로 싸운다.

이후 시계 5문자와 군쟁 4문자 후 마지막으로 손정의가 창작한 해(海)로 마무리된다. 해는 패한 상대를 포용한다는 의미로 '싸움이 끝난 뒤에는 평정이라는 작업이 남아있다. 넓고 깊은 바다가 모든 것을 집어삼키고 평정할 때 비로소 싸움이 완결되는 것이다. 최종적으로는 질서를 가져오고 공격한 나라 또는 시장을 치유하는 과정까지 끌고 가야 한다'라고 풀이한다.

1981년 창업 이후 컴퓨터, 인터넷, 스마트폰, 전자상거래, 공유경제로 진화하고 확장되는 IT 산업의 주요 변화를 주도적으로 이끌어온 최첨단 분야 글로벌 리더의 경영 철학이 2,500년 전 손자와 500년 전 오다 노부나가 병법의 기본 개념에서 출발했고 현실에서 적용되는 실질적 원칙이라는 점이 흥미롭다. '옛 것을 익히고 그것을 미뤄 새 것을 안다'라는 온고지신(溫故知新)이 단순한 격언이 아니라 살아있는 교훈이라는 점을 깨닫게 하는 사례다.

'손의 제곱법칙' 25문자는 기업가 손정의 사상의 정수이자 실질적 경영 원칙이고 나아가 후세대를 육성하는 기본 정신이다.

평정심을 잃는 순간, 리더십은 끝난다

미국 대통령으로 제2차 세계대전을 이끌었던 프랭클린 D. 루스벨트가 갑자기 사망하고 대통령이 된 해리 트루먼은 전쟁을 제대로 수행할 수 있는지부터가 걱정이었다. 그는 '모든 책임은 여기서 끝난다(The buck stops here)'라는 문구를 자신의 책상에 새겨 두고 매일 그 의미를 되새겼다고 한다.

리더를 바라보는 조직원들은 흔히 '리더는 타고날 때부터 배포가 두둑하고 작은 일에 신경 쓰지 않는다'라고 생각한다. 하지만 이는 착각이다. 리더는 일반적 기준에서 몇 가지 강점을 가지고 있을 뿐 같은 감정을 갖고 살아가는 인간이다. 오히려 리더의 내면은 더욱 외롭고, 걱정이 많다. 다만 책임감이 있기에 자신의 내면을 쉽게 드러내지 못할 뿐이다.

리더 역시 신이 아니라 인간이다. 일반 사람보다 역량이 앞서기에 리더 역할을 하게 되었지만, 인간이 갖는 한계는 어쩔 수 없다.

　　　　　　　　　　　　격변의 시대, 위기를 지배하라

미래가 불투명한 상황에서도 조직에 방향을 제시해야 하고, 결단의 순간마다 고민이 따라온다.

특히 위기 상황에는 생각할 만한 시간적 여유가 없는 경우도 많다. 하지만 인간의 일이란 주어지는 측면보다 만들어 가는 부분이 더욱 많은 법이다. 유구한 인간의 역사와 비즈니스 세계에서 탁월했던 리더는 모두 절망적인 상황에도 굴하지 않고 성공의 가능성을 키웠다.

리더는 조직 그 자체다. 리더가 흔들리면 조직도 흔들린다. 리더의 인간적 한계는 인정하더라도, 리더는 리더이기 때문에 그 한계에 매몰되어서는 안 된다. 내면적 두려움과 회의를 극복하고 비전을 확고히 하고 용기와 투지로 자신을 무장해야, 조직 전체가 힘을 갖는다.

위기 속에서 조직을 이끌어야 하는 리더는 내면적 두려움과 고뇌가 깊어지는 것에 비례해 의식적, 무의식적으로 자신의 용기와 투지를 유지하려고 노력해야 한다. 리더가 평정심을 잃으면 조직은 끝이기 때문이다.

2장

냉혹한 현실 위에
낙관을 세워라

보고 싶은 현실이 아닌 직면해야 할 현실

현실을 이해하지 못하면 올바른 대안이 도출될 수 없고, 잘못된 대안은 잘못된 행동으로 연결된다. 따라서 군대의 작전에서도 정확한 적정 파악이 출발점이고, 기업의 전략 수립도 환경 분석에서 시작된다. 하지만 현실을 정확히 이해하고 받아들인다는 것은 말처럼 쉽지 않다. 특히 위기를 맞아 직시하기 괴로운 '불편한 진실'이 널려 있는 경우가 더욱 그렇다. 그러나 리더가 불편한 진실을 외면하고 편안한 진실에만 귀를 기울이고 상황을 오판한다면 조직 전체가 몰락한다.

누구에게나 모든 게 다 보이는 것은 아니다. 많은 사람은 자기가 보고 싶어 하는 것밖에는 보지 않는다.

고대 로마 제국을 중흥시킨 율리우스 카이사르의 명언이다. 카이사르가 활동했던 기원전 1세기는 로마가 숙적 카르타고와 두 차례에 걸친 포에니전쟁에서 승리하고 명실상부한 지중해 세계의 패자로서 입지를 굳힌 시기다.

그러나 규모는 커졌으나 그에 걸맞은 리더십과 시스템을 갖추지 못해 정치 사회적 혼란과 계층 간 갈등이 극심해져 '로마는 번영과 동시에 쇠퇴'하는 게 아니냐는 우려가 커지고 있었다.

그러나 카이사르는 보고 싶은 현실만이 아니라 보고 싶지 않은 현실도 직시하고 해결 방법을 모색함으로써 로마를 위기에서 구해내고, 아우구스투스 이후 300년에 걸친 팍스 로마나(Pax Romana, 로마의 평화)의 토대를 닦았다.

조직의 특성상 리더의 현실 인식은 정책으로 연결된다. 리더가 보고 싶은 현실만 받아들이면, 조직 전체가 집단 마스터베이션에 빠지고 합리적 대응은 실종된다.

리더가 불편한 진실을 받아들이는 용기를 가져야 조직 전체가 냉엄한 현실에 눈뜰 수 있다. 리더는 막연한 희망이 아니라 현실에 기초한 '할 수 있다(Can Do Spirit)'라는 신념으로 자신을 무장하고, 이를 조직이 공유해야 한다.

낙관은 감정이 아니라 전략이다

| 진문공 | 인의로 무장하고 기다리면 반드시 때가 온다

고대 중국의 춘추전국시대는 한 개의 나라가 170여 개국으로 분열된 후 550년에 걸쳐 다시 한 개의 나라로 수렴되는 과정이다. 1단계인 춘추시대 367년 동안 7개국으로 수렴되고 2단계인 전국시대 183년 동안 일곱 개국이 챔피언 결정전을 벌여 최후의 승전국 한 개로 통일되는 장대한 여정이다.

기원전 1046년 주나라는 상나라를 멸망시키고 황하 유역을 장악해 봉건제로 통치했다. 하늘이 선택한 최고지도자 천자(天子)인 주왕이 친족과 공신들을 제후로 책봉해 영토를 나눠주고 반독립적으로 다스리는 체제다. 초기의 강력한 왕권은 점차 약해졌고 서쪽 이민족인 견융의 침략으로 수도가 함락되어 동쪽 낙양으로 천도하면서 권위와 통제력을 상실했다.

주나라가 유명무실해지면서 각지에서 170여 개 제후국이 독립해 각축전을 벌이는 춘추시대가 개막했다. 당대의 최강국으로 자타가 공인하지만 천하통일까지는 어려운 패권 제후인 제환공, 진(晉) 문공, 초장왕, 오왕 합려, 월왕 구천 등이 시기별로 명멸했다. 전국시대는 진(晉)나라가 내분으로 한, 위, 조의 3국으로 분열되면서 시작되었다. 신생 3국에 기존 진(秦), 초, 제, 연의 4국이 가세한 도합

7개국, 소위 전국칠웅이 최종 승부를 벌이는 시기다.

주나라 서쪽 변방의 국경수비대로 출발해 점차 세력을 확대한 진(秦)나라의 왕 영정이 최종 승리자가 되었다. 그는 중국 통일 후 황제(皇帝)라는 칭호를 처음 사용해 진시황제로 불린다.

춘추시대 다섯 명의 최강자를 일컫는 춘추오패 중에서 진(晉)문공은 19년의 유랑 생활을 견디면서 결정적 기회를 포착하고 군주가 되어 국가를 번영으로 이끌었다. 중국 역사에서 신념과 인내를 상징하는 아이콘이다.

진(晉)문공은 진(晉)나라 군주 헌공의 둘째 아들로 이름은 중이였다. 귀한 신분이었지만 고난의 삶이 기다리고 있었다. 부친이 특별한 사유 없이 태자를 폐위하고 후처로 맞은 여희의 소생인 아들을 새로운 태자로 세웠다. 큰아들인 태자에게 자결을 강요하고 중이와 동생 이오까지 죽이려 하자 다른 나라로 망명했다.

5년 뒤 진(晉)헌공이 사망한 직후 반란이 일어나 여희와 그의 소생인 태자가 살해당하는 정변이 발생했다. 반란 주모자들은 먼저 중이에게 사신을 보내 왕위에 오를 의향이 있는지 묻는다. 절호의 기회였지만 중이의 대답은 의외였다.

아버지의 명을 어기고 타국으로 도망쳤고, 아버지의 장례도 못 치른 죄인이오. 돌아갈 면목이 없소이다.

대신들은 중이의 동생인 이오에게 의사를 묻는다. 왕권에 대한 욕심은 있었지만, 상대는 반란의 주모자였다. 이오는 이웃 강대국인 진(秦)목공에게 도움을 요청한다.

이오는 자신이 안전하게 돌아갈 수 있게 도와준다면 진(秦)에게 하서 지역을 할양하겠다고 약속한다. 일단 귀국해 왕위에 올라 진(晉)혜공이 된 이오는 먼저 진(秦)목공을 배신한다. 선대에게서 물려받은 토지를 타국에 넘겨 주는 것에 대해 대신들이 반대한다는 이유를 댄 것이다. 진(秦)목공은 분노했지만 당장은 보복할 방도가 없었다. 이오는 자신을 왕위에 오르게 초빙한 반란 주모자들도 처형했다.

이오가 왕위에 오른 지 4년째 되던 해 진(晉)나라에 큰 기근이 찾아왔다. 다급해진 진(晉)혜공은 진(秦)목공에게 식량 원조를 요청한다. 진(秦)목공은 인도주의적 견지에서 곡식을 진(晉)나라까지 수송해 줬다. 이듬해에는 진(秦)에 기근이 발생했다.

진(晉)혜공은 진(秦)을 도와야 마땅했으나 오히려 공격해 전쟁이 발생했다. 그러나 진(晉)혜공은 오히려 패배해 간신히 목숨만 건져 본국으로 달아났다. 정치적 위기에 몰린 진(晉)혜공은 잠재적 위협인 친형 중이를 죽이려고 자객을 풀었다. 중이는 당대 천하의 패자이던 제환공이 다스리는 제나라로 도피했다.

그러나 기원전 643년 제환공이 세상을 떠나자 내란이 발생했고 중이의 유랑 생활은 다시 시작되었다. 조나라, 송나라, 정나라, 초나라를 거쳐 진(秦)목공에게 일신을 의탁했다. 진(秦)목공은 인의(仁義)로 명성이 높은 중이가 결국에는 이웃한 진(晉)의 군주가 되리라 판단해 호의를 베풀고 자신의 딸과 결혼시켜 결속을 강화했다.

진(晉)혜공이 즉위 14년 만에 죽고 태자가 왕위를 이어받아 진(晉)회공이 되었지만 내란이 발생했다. 진(秦)목공은 혼란 수습을 명분으로 중이에게 병력을 지원해 귀국시켰다. 중이는 19년 만에 고국 땅으로 돌아와 왕위에 올라 진(晉)문공이 되었다.

그는 내부적으로 병제(兵制)와 행정을 개혁해 강국으로 도약했고, 강성한 힘을 바탕으로 외교적으로는 의리(義理)와 신의(信義)에 입각한 상생(相生)의 구조를 형성했다. 진(秦)목공에게는 약속대로 일부 영토를 할양했고 제후들 간의 신뢰를 회복해 불필요한 전란을 줄였다.

초나라가 송나라를 침공하자, 주 왕실은 진(晉)문공에게 공식적으로 구원을 요청했다. 기원전 632년 진(晉)문공은 군대를 직접 이끌고 초나라 군대와 결전을 벌인 성복 전투에서 대승하면서 당대의 패자(覇者)로 공인받았다.

진(晉)문공을 최후의 승자로 만든 원동력은 인내하고 기다리는 능력이었다. 그가 춘추오패의 두 번째 패자 자리에 오른 것은 인의로 무장하고 기다리면 때가 온다는 굳건한 믿음 덕분이었다. 훗날 공자는 그를 두고 "인덕과 신의로 천하의 패자가 되었다"라고 평가했다.

   격변의 시대, 위기를 지배하라

| 어니스트 섀클턴 | 장애물은 극복되기 위해 존재한다

1914년 12월 5일, 어니스트 섀클턴 탐험대는 인듀어런스호를 타고 남극을 향해 출발했다. 세계 최초로 남극 대륙을 횡단하는 탐험대가 되는 것이 그들의 목표였다. 하지만 출발부터 순조롭지 않았다. 인듀어런스호는 극지방 탐험을 위해 엄선된 목재들로 제작되었지만 남극의 험난한 자연 환경을 견디기 어려웠다.

항해를 시작한 지 45일째 되던 1915년 1월 19일 탐험대는 얼음에 갇혀 옴짝달싹할 수 없는 상황이 되었다. 탈출 시도가 수포로 돌아가자 그들은 배 안에서 겨울을 나기로 결정했다. 조직이 위기에 봉착하자 섀클턴의 리더십이 빛을 발하기 시작했다. 배 이름을 '인듀어런스(Endurance, 인내)'라고 붙인 데서도 알 수 있듯 어떤 상황에서도 절망하지 않는 낙관성이 섀클턴의 최고 장기였다.

섀클턴은 대원들을 리츠 호텔이라고 부르는 갑판 사이의 저장고로 불러 모았다. 그는 겨울이 지나면 봄은 반드시 오고 날씨가 따뜻해지면 얼음은 녹을 것이라며, 자신에 대한 신뢰를 당부했다. 대원들이 안정을 찾자 그는 축음기를 틀고 기상학자 레너드 허시에게 밴조를 연주하도록 했다.

생존에 대한 섀클턴의 믿음은 대원들에게 낙천성을 불러일으켰다. 대원들은 파티를 여는가 하면, 탈출 전에는 불가능한 과제였던 알래스카 탐험에 대한 토론을 통해 현재의 고통을 잊고 미래 전망에 몰두했다.

또한 섀클턴은 대원들에게 머리를 깎자고 제안하고는 자신이 가장 먼저 솔선수범했다. 머리를 짧게 깎고 나니 모두 죄수처럼 보였다. 섀클턴은 유쾌하게 웃고는 단체 사진을 찍도록 했다. 기분 전환을 위한 행동이었지만 대원들 모두 하나라는 일체감을 불러일으키려는 섀클턴의 계산이 깔려 있었다.

10월 27일, 인듀어런스호가 침몰했다. 엄청난 크기의 얼음덩어리 두 개가 배의 측면을 짓눌렀고, 세 번째 얼음덩어리가 배의 후미를 강타했다. 대원들은 배에서 무사히 탈출했지만 상황은 절망적이었다. 가장 비통한 심정을 느낀 사람은 다름 아닌 섀클턴이었지만, 내색하지 않고 대원들을 모아 연설했다.

나는 여러분과 함께 식량 보급기지가 있는 폴렛섬으로 갈 생각입니다. 무엇보다도 나는 이 어려운 상황에서 여러분이 보여 준 끈기와 용기에 대해 감사를 드립니다. 여러분이 나를 믿어 준다면 우리는 모두 무사히 안전 지대에 도착할 거라고 나는 확신합니다.

그런 뒤 섀클턴은 뜻밖의 행동을 한다. 효율적으로 이동하기 위해서는 1인당 1kg 정도의 물품을 소지할 수 있다고 말하고는 자신이 가장 아끼는 금 장식물들과 금으로 된 담배 케이스를 바다에 던져 버린 것이다. 금 따위보다는 살아남는 게 중요하다는 현실을 보여 주는 퍼포먼스였다. 대원들은 자신들의 소지품 중 최소한의 것만 남기고 나머지는 모두 바다에 집어던졌다.

새클턴의 탐험대는 구명보트와 썰매를 끌고 550km나 떨어진 식량 보급기지로 향했지만, 상황은 더욱 악화되었다. 얼마 지나지 않아 얼음 위에 캠프를 설치해야 했다. 하지만 새클턴은 절망하지 않았고 유머 감각도 잃지 않았다. 위기 상황이 있어야 나중에 책으로 쓸 이야기도 있지 않겠느냐고 말하는 새클턴 덕분에 대원들은 희망의 끈을 놓지 않았다.

그들은 구명보트를 이용해 바다를 건너 엘리펀트섬에 도착했다. 그러나 오래 머물 곳은 못 되었다. 일기는 불순했고 식량을 구하기도 여의치 않았다. 전원이 함께 출발하는 것은 무리였다. 그는 다섯 명의 대원들을 이끌고 사우스조지아섬으로 가기로 결정했다.

사우스조지아섬으로 가는 길은 고난의 연속이었다. 새클턴과 다섯 명의 대원들은 낡은 보트를 타고 16일 동안 바다를 항해했다. 새클턴은 끊임없이 "할 수 있다"라는 말로 대원들을 격려했고, 그의 낙관성에 전염된 대원들 또한 서로 격려했다. 바닷물이 계속해서 보트에 쏟아져 들어오는 상황에서도 그들은 웃음 띤 얼굴로 "오늘은 꽤 재밌겠는데"라고 말할 수 있는 정도가 되었다.

구명보트 후위에서 조타를 지휘하던 새클턴은 사진사인 프랭크 헐리가 장갑을 잃어버렸을 때 또다시 믿기지 않는 행동을 해 대원들을 놀라게 한다. 자신의 장갑을 벗어 헐리에게 건넨 것이다. 헐리가 거절하자 그는 장갑을 아예 바다에 던져 버리려는 자세를 취했고, 놀란 헐리가 장갑을 받음으로써 사태는 일단락되었다. 덕분에 새클턴은 심한 동상에 걸렸지만 대원들의 신뢰는 더욱 커졌다.

사우스조지아섬에 도착한 뒤 세 명이 지쳐 쓰러졌지만 여정은 아직 끝난 게 아니었다. 새클턴과 두 명의 대원들은 거대한 빙원을 지나 건너편의 포경 기지까지 가야 했다. 수많은 장애가 도사리고 있는 데다 모두 지칠 대로 지쳐 있었지만, 새클턴은 그들에게 농담을 건네며 분위기를 이끌었고 통과하기 어려운 지형이 나타나면 솔선수범해 대원들에게 용기를 복돋았다.

해발 1,370m의 빙하에서 아래로 내려가야 하는 상황에 처했을 때였다. 앞쪽 길은 경사져 있었지만 깜깜한 탓에 어느 정도 경사인지 알 수 없었다. 새클턴은 산 정상에서부터 썰매를 타듯 미끄러져 가는 방법을 택했다. 자칫 잘못하면 죽을 수도 있는 상황이었지만 달리 선택의 여지 또한 없었다. 새클턴은 두려움을 나타내는 대신 내려가는 내내 어린애처럼 큰소리로 웃어 댔다. 그의 웃음은 다른 두 대원에게 전염되었다. 눈앞의 두려움을 웃음으로 지워 버린 그들은 무사히 빙하를 내려올 수 있었다.

3일 후인 1916년 5월 20일 오후 3시, 그들은 마침내 포경 기지에 도착했다. 세 사람은 실내로 안내되어 음식과 깨끗한 옷을 제공받았다. 그 뒤로 새클턴은 엘리펀트섬의 대원들을 구출하고자 전력을 다했다. 1916년 8월 30일, 마침내 탐험대원 전원이 구조되었다. 2년 가까이 되는 기간이었지만 낙오된 사람은 한 명도 없었다.

     격변의 시대, 위기를 지배하라

희망은 조직 안에서 설계된다

| 헨리 카이저 | 리버티 수송선단으로 전쟁 승리를 견인하다

1939년 9월 나치 독일의 히틀러가 폴란드를 침공하면서 제2차 세계대전이 발발했고 뒤이어 1940년 5월 프랑스도 침공해 1달여 만에 승리했다. 유럽에서 영국만이 홀로 남아 독일에 대항하고 있었으나 한계가 명확했다. 미국은 사실상 마지막 남은 교두보인 영국으로 전쟁 물자를 수송해 반격을 준비했으나, 막대한 물량을 수송시킬 선박이 절대적으로 부족했다. 또한 대서양에서 활동하는 독일의 잠수함 유보트의 공격으로 침몰되는 수량을 감안하면 해상 수송을 통한 영국 지원은 절망적이었다.

이런 상황에서 미국은 수송 선박의 설계 표준화와 제조의 모듈화를 통한 대량 생산의 방향을 수립하고 실행에 옮겼다. 이런 과정으로 탄생한 리버티 선단(Liberty Ship)은 제2차 세계대전 연합국 승리의 초석이 되었다. 처칠이 "리버티의 행렬이 없었더라면 영국은 전쟁에서 패배했을 것"이라고 말했듯 리버티는 전황 자체를 바꿔버렸다.

1940년 영국은 독일 잠수함으로 인한 피해를 보충하고자 미국에 수송선 건조를 요청한다. 루스벨트는 헨리 카이저를 책임자로 선정했다. 카이저는 도로, 댐 등 토목 분야 건설업의 전문가로 불굴

의 추진력으로 유명했고 특히 공기 단축에 일가견이 있다는 평가였지만, 조선업 경력은 전무했다. 그럼에도 주저하지 않고 조선업에 뛰어들었고, 결국 모두 불가능하다고 여긴 일을 현실로 이뤘다.

카이저는 리버티 선단 구성의 핵심인 대량 생산을 이끌었다. 그는 취임 후 토목 공사 경험을 살려 대량 생산을 위한 프로세스 혁신을 추진했다. 핵심은 단일 조선소의 일관 공정 제작이라는 기존 방식에서 열여덟 개 조선소에서 병행 생산한 모듈을 최종적으로 조립하는 새로운 방식의 도입이었다. 일단 토드, 리치몬드, 포틀랜드에 조선소를 세우고 프로토타입 제작을 통한 공정 표준화를 실험했다.

1941년 4월, 리치몬드에서 처음으로 배의 용골을 세웠고 4개월 후에는 오션뱅가드호를 진수했다. 포틀랜드에서도 동시에 작업이 이뤄졌다. 5월에 용골을 세운 뒤 역시 4개월 후인 9월 말 스타오션호를 진수했다. 이 과정을 통해 작업 공정을 철저히 표준화했고, 전국에서 숙련공을 모집해 본격적인 생산에 돌입했다.

이후 공정 개선을 통한 생산 속도는 상상을 초월하는 수준이었다. 초기에는 제작 기간이 150일 기준이었지만 포틀랜드 조선소에서는 모듈 조립 방식으로 10일 만에 한 척을 완성했다. 최종적으로는 용골 완성 후 4일 15시간 만에 배를 진수하는 기록을 수립했다. 카이저는 이러한 기록을 통해 불가능을 가능하게 하는 자신감을 조직 전체에 불어넣었다. 그는 10일 만에 배를 진수한 뒤 연설했다.

　　　　　　　　　　　　　　　　　　격변의 시대, 위기를 지배하라

전문가들은 우리가 할 수 없을 거라고 했다. 그러나 우리 옆에는 10일 만에 진수된 배가 있다. 이 배는 우리의 동맹국과 우리 군인들에게 보낼 화물을 수송할 것이다. 하느님과 우리 노동자의 재능이 합쳐져 만들어 낸 기적이다.

카이저는 전쟁 기간 항공모함, 유조선 등을 포함해 1,490척의 배를 건조했다. 하루에 한 척 이상 건조한 셈이다. 끊임없이 공기 단축에 몰두하는 카이저에게 "로마는 하루아침에 이뤄지지 않았습니다"라고 조언하자 그는 답했다. "그것은 내가 로마에 없었기 때문입니다."

로마 황제를 뜻하는 카이저라는 이름의 헨리 카이저가 건설 산업의 혁신가에서 제2차 세계대전을 승리로 이끈 조선 산업의 황제로 거듭난 것은 자신과 동료들의 능력에 대한 신뢰와 자신감 덕분이었다.

| 샘 월튼 | 자신과 조직의 능력과 미래를 낙관하다

미국의 월마트는 세계 최대의 유통 기업이다. 오프라인 유통에선 단연 압도적 1위이고, 온라인 쇼핑에서도 아마존에 이어 2위다. 100년 역사의 유통 업체인 시어즈, K마트 등이 온라인 쇼핑의 확산으로 연이어 파산하는 외중에도 디지털 전환에 성공해 강력한 시장 지위를 유지하고 있다.

시어즈, K마트가 지배하던 1960년대 미국의 유통 산업에 등장한 후발 주자 월마트는 현장 중심과 물류 혁신으로 이룩한 저가 전략(Everyday Low Price)으로 유통 산업을 석권했다.

창업자 샘 월튼은 미래를 낙관하는 투지와 근면-절약-실용의 정신으로 성공을 이끌었고 월마트의 조직 문화로 정착되어 오늘에 이르고 있다.

미국 오클라호마에서 태어난 월튼은 1929년 대공황으로 농촌 생활이 극도로 어려운 환경에서 성장기를 보냈다. 일자리를 찾아 가족들이 미국 중서부를 이동하는 와중에 각고의 노력으로 미주리 대학에 입학했다.

1940년 졸업 후 제이시 페니에 입사해 매장 운영을 경험하면서 현장 중시 철학을 정립했다. 제2차 세계대전 중에는 정보장교로 복무하면서 정보 수집과 분석을 경험하며 후일 유통 물류 혁신의 기초를 다졌다.

1945년 전쟁이 끝나면서 제대하고 결혼에 이어 17년 동안 잡화점 체인 벤-프랭클린의 가맹점을 운영하면서 유통 산업의 실질적 경험을 축적했다.

1962년 아칸소주 로저스에 월마트 할인점을 개설하면서 역사가 시작되었다. 당시 유통 산업을 주도하던 시어즈, K마트의 주요 고객은 대도시 중산층이었으나 월마트는 중소 도시와 농촌에서 저가 정책으로 사업을 확장했다.

급성장의 핵심은 단순한 가격 할인이 아니라 저가격을 뒷받침하는 시스템 구축이었다. 1970년대에 위성통신을 활용한 물류-재고 관리 시스템을 구축했고, 1983년에는 업계 최초로 업무용 인공위성을 쏘아 올려 모든 매장의 재고 관리와 물류 이동을 리얼 타임 실시간으로 관리하는 정보기술 혁명을 도입한 대대적 혁신을 이뤘다. 그렇게 여타 경쟁자를 압도하는 차별적 경쟁력을 확보했다.

월튼은 자신감과 낙관주의에 기반해 기존의 질서에 도전하고 새로운 방식의 혁신으로 유통 산업의 변화를 주도했다. 그는 직원들에게 항상 "돈이 아니라, 꿈을 추구하라"라고 역설했다. 월튼이 받은 '자유의 메달'에는 다음과 같은 글이 새겨져 있다.

겸손함이 근본인 이 사람은 자신의 능력을 절대로 의심하지 않았다.

| 일론 머스크 | 기술을 통해 인류를 새로운 지평으로 이끌다

일론 머스크는 21세기 글로벌 산업-기술의 지형에 격변을 몰고 온 파괴적 혁신 기업가다. 영국연방 영어권의 변방 지역인 남아프리카공화국 프리토리아에서 태어나 미국에서 교육받고 미국에 귀화했다. 대학에서 물리학과 경제학을 공부해 자연과학과 사회과학을 두루 섭렵한 그는, 현대 기술을 이해하는 엔지니어이면서 인간과 사회의 상호 작용도 통찰하는 기업가로 성장했다.

1995년, 스물네 살 나이에 첫 창업 이후 전기차-자율주행-우주

개발-SNS-뇌과학-AI로 이어지는 연속적인 창업과 성장의 과정은 혁신적 기업가의 차원을 넘어 인류 문명의 새로운 지평을 열어가는 문명 엔지니어로 평가된다.

1995년에 첫 창업한 Zip2는 온라인 지도에 기반한 도시 가이드 정보였다. 인터넷 인프라가 확장되며 플랫폼-컨텐츠-유통이 결합되는 서비스의 출현이라는 트렌드를 감지했다. 1999년 당시 대형 컴퓨터 기업 컴팩에 매각하면서 종잣돈을 확보했다.

1999년에는 핀테크 기업인 페이팔을 공동창업했다. 인터넷 네트워크의 보급과 확장이 온라인 상거래 증가로 연결되면서 결제-송금의 편의성 제고가 절실한 상황이었다. 페이팔이 개발한 이메일 기반 송금 시스템을 2002년 이베이에 매각해 이후 대형 프로젝트를 추진할 수 있는 자금을 확보했다.

2002년에는 항공우주 회사 스페이스엑스를 설립했고 2003년에는 전기차 회사 테슬라를 설립했다. 당시 정부가 주도하는 우주 산업에 민간의 역할은 극히 제한적이었다. 그러나 머스크는 우주 발사 비용 90% 절감이라는 대담한 목표를 제시하고 뛰어들어 결국 성공시켰다. 전기차 역시 기존 글로벌 자동차 기업들에게도 쉽지 않은 사업이었지만, 테슬라는 전기차 시장 주도권을 확보하고 자율주행 시장까지 선도하고 있다.

2015년부터는 테슬라에너지로 태양광 발전과 에너지 저장, 스타링크로 저궤도 위성인터넷을 통한 글로벌 통신 사업, 더보링컴퍼니

  격변의 시대, 위기를 지배하라

로 터널을 통한 도시교통 효율화 부문에까지 뛰어들었다.

2022년 이후에는 SNS 플랫폼인 트위터를 인수해 엑스(X)로 개칭하고 여론과 정보 유통의 인프라를 확보했다. 뉴럴링크에선 뇌-컴퓨터 인터페이스로 인간과 AI의 연계를 추진하며 엑스에이아이에선 범용 인공지능을 개발한다.

머스크의 사업 이력은 높은 역량의 기업가조차 한두 개 성공하기 어려운 사업을 연속적으로 성공시키는 과정이다. 모두가 기존 사업의 개선과 혁신 수준이 아니라 불가능하다고 여겨지는 완전히 새로운 영역을 개척하고 있다. 머스크의 개인적 역량에서 출발하지만 동시에 조직원들과 신념과 희망을 공유하고 증폭시키기 때문에 가능하다.

냉정함과 믿음은 함께 갈 수 있다

희망이 없으면 인내가 무의미하다. 봄이 온다고 믿어야 겨울을 견딜 수 있는 힘이 생긴다. 추운 겨울이라는 현실을 인정하되, 겨울을 이기고 살아남으면서 봄을 기다리는 게 진정한 희망이다. 추운 겨울이라는 현실을 부정하면서 막연히 도피하려는 자세로는 봄이 오기 전에 얼어 죽기 십상이다.

위기가 닥치면 리더도 불안하다. 불편한 진실을 인정해야 하는 고통의 와중에 '잘 되겠지' 하는 식의 막연한 낙관론에 기대려는 심리도 생겨난다. 듣기 좋은 말만 하려는 얄팍한 처세술로 무장한 사람들에게 현혹되기 쉬운 것도 이때다.

그러나 리더는 '성공의 믿음을 잃지 않으면서도 눈앞에 닥친 냉혹한 현실을 직시'하는 스톡데일 패러독스로 자신과 조직을 정신무장시켜야 한다.

미국 해군의 전투기 조종사였던 제임스 스톡데일 중령은 베트남 전쟁에서 포로가 되어 8년(1965~1973) 동안 베트남의 하노이 포로수용소에서 생활했다. 그는 수감 기간 중 20차례가 넘게 고문을 받았음에도 동료들에게 용기를 불어넣으며 살아남아 고국으로 돌아왔다. 귀국 후 해군으로 복귀해 소장까지 진급하고 예편했다.

스톡데일의 회고에 의하면, 수용소에서 가장 일찍 죽는 사람은 비관론자가 아니라 근거 없는 낙관주의자였다고 한다. 그들은 크리스마스에는 나갈 수 있을 것으로 믿고 스스로에게 일종의 최면을 걸고 희망을 불어넣다가, 좌절되면 실망하고 다음에는 추수감사절의 석방을 기대했다. 추수감사절 석방이 좌절되면 다시 막연한 희망을 갖고 기다리다가, 끝내 극단적 실망에 빠져 죽음에 이르렀다는 것이다.

반면 언젠가는 분명히 풀려난다는 신념을 가지되, 단기간 석방은 어려울 거라고 생각한 사람들은 수용소 생활을 받아들이고 견뎌

냈다고 회고했다. 이후 사람들은 극한 상황의 어려움을 이겨 내는 합리적 낙관주의를 '스톡데일 패러독스'라고 불렀다.

조직이 위기를 극복해 내기 위해서는 현실을 냉정히 받아들이되, 성공하리라는 믿음을 잃지 않는 이와 같은 합리적 낙관주의를 갖춰야 한다.

르네상스 시대 이탈리아의 정치사상가 니콜로 마키아벨리는 "공동체를 유지시키는 것이 군주의 가장 큰 덕목이다"라고 지적했다. 리더는 어떠한 어려움이 있어도 공동체를 유지할 수 있다는 신념과 낙관론으로 자신을 무장해야 한다. 그런 다음에는 이러한 신념과 낙관론을 조직 전체로 확산시켜 조직의 에너지를 끌어내야 한다. 조직원들은 리더를 보면서 조직의 가능성을 확인하기 때문이다.

〈뉴욕 타임스〉 칼럼니스트로 『세계는 평평하다』를 쓴 토머스 프리드먼은 어린 시절 어머니에게서 소중한 가르침을 받았다.

비관론자는 대체로 옳고, 낙관론자는 대체로 그르다. 그러나 대부분의 위대한 변화는 낙관론자가 이룬다.

역사에서나, 기업에서나 위대한 인물들은 모두 위대한 낙관주의자였다.

3장

위기에는
소수가 방향을 잡는다

위기 국면에서는
톱-다운이 정답이다

위기 시의 리더십과 조직 구조의 기본 개념은 톱-다운(Top-Down)이다. 바텀-업(Bottom-Up)이나 자율 경영은 평화 시에 어울린다. 따뜻하고 풍요로웠던 여름, 가을이 지나 겨울이 오면 동물은 물론 식물조차 추위에 견디고 살아남고자 행동 양식을 바꾸는 것처럼, 위기 시에는 리더를 포함한 조직 전체의 운영 방식이 변해야 한다.

위기가 닥치면 시간이 빨리 흘러간다. 위기 시에는 단기간에 많은 일이 일어나고 즉각적으로 대처해야 하기 때문이다. 평화 시에 1년간 일어날 일들이 위급한 시기에는 일주일 동안에도 생겨난다. 평상시에는 천천히 생각하고 검토할 수 있는 사안도 위기 시에는 그럴 수 없다. 따라서 위기를 맞은 조직은 모든 역량을 위기 극복을 위한 생존력 강화에 집중해야 한다. 일상적 활동에 에너지를 낭비할 여유도 없을 뿐더러 역량이 분산되어 위기 극복에 실패하면 남는 것은 파멸뿐이다.

위기 대응 체제의 출발점은 핵심 인력으로 컨트롤 타워를 구축하는 것이다. 컨트롤 타워를 통해 상황을 장악해 의사결정을 신속하게 내리고 통합적으로 대처해야 한다.

CEO를 포함한 주요 경영진들이 컨트롤 타워 중심으로 의사결정을 진행하고, 실무진의 실행과 점검 또한 컨트롤 타워가 주축이 되어야 한다. 평상시 자율 경영 등의 구호는 폭풍우가 지나갈 때까지 한편에 치워 두는 것이 좋다. 비상시에는 그에 맞는 의식과 조직으로 무장해 대처해야 한다.

위기 극복을 위한 컨트롤 타워는 전쟁 수행 시 워룸(War Room)의 개념과 비슷하다. 워룸은 전시 군통수권자와 핵심 참모들이 모여 상황을 한눈에 파악하고 작전을 협의하는 곳으로, 벽면에 상황판을 설치해 놓은 방을 의미한다. 기업의 컨트롤 타워도 경영 관련 핵심 정보가 집중되고, 주요 의사결정자들이 모여 상황을 공유하고 의사결정을 내리는 기능을 한다.

평상시 바다를 항해하던 배에서는 각자 맡은 위치에서 자신의 역할을 다하는 것으로 충분하지만, 폭풍우를 만나면 선장을 포함한 핵심 선원들이 조타실에 모두 모여 상황을 파악하고 대처해 나가는 것과 마찬가지다. 위기를 맞은 조직은 무엇보다도 통제와 효율을 높여 생존력을 확보해야 한다.

  격변의 시대, 위기를 지배하라

컨트롤 타워는 정예로 구성하라

| 정조 | 친위 부대를 구축해 주도권을 확보하다

조선 후기의 정조는 왕권을 확립한 개혁 군주로 평가된다. 즉위 당시 정조는 할아버지 영조가 죽인 아버지 사도세자의 아들이라는 숙명으로 정치적 입지가 위태로웠다. 정국을 주도하는 노론의 적대적 분위기에서도 정조는 즉위 첫날 자신이 사도세자의 아들임을 공언해 사도세자를 죽이는 데 일조한 집권층 노론과의 대결을 예고했다. 홍국영 이외에는 신뢰할 만한 인물이 없는 상태에서 노론과의 대결은 목숨을 걸고 나서는 일이었다.

정치적 입지를 확보하고자 정조는 친위 세력 구축에 착수해 먼저 규장각을 설치했다. 숙종 때 만든 규장각은 역대 임금의 초상화와 어필 등을 보관하는 장소였으나, 정조는 세종 때 싱크탱크 역할을 했던 집현전을 벤치마킹해 규장각의 성격을 완전히 바꿨다.

규장각의 핵심인 여섯 명의 각신(閣臣 : 제학 두 명, 직제학 두 명, 직각 한 명, 대교 한 명)에게는 파격적인 특권이 주어졌다. 수시로 왕을 대면하고 탄핵권과 청요직인 전랑에 곧바로 추천되는 인사상의 특전이었다. 또한 검서관에는 이덕무, 박제가, 유득공, 서이수 등 능력 있는 서얼 출신을 등용해 서얼허통 정책을 부분적으로 실시하는 등 신분제를 초월하는 인사를 실시했다.

비주류 계층의 인재들을 활용해 정권의 틀을 재편하겠다는 것이 정조의 계획이었고, 규장각은 소속 인원만 100명이 넘는 가장 큰 조정 조직이 되었다.

노론은 곧바로 규장각의 기능 강화를 반대하는 상소를 올려 정조를 견제했다. 이택징은 규장각을 나라의 공공기관이 아니라 정조의 사각(私閣)이라 비판했고, 이에 정조는 "사라진 명절(名節)과 문학(文學)을 조금이나마 바로잡아 보겠다는 방도로 설치한 것이다"라고 말해 인재 양성에 뜻이 있을 뿐 다른 의도는 없다고 강조함으로써 예봉을 피해 갔다.

규장각이 안정되자 정조는 37세 이하의 소장 관료들을 재교육시키는 초계문신제를 도입한다. 이 제도로 육성된 인력이 정약용, 서명응 등으로 이들은 이후 정조가 사도세자의 현륭원 이장, 화성 신도시 건설 등 개혁 정책 추진에서 중요한 역할을 수행한다.

다음으로 군권 장악에 나섰다. 기존의 오군영 중심에서 장용영 중심 체계로 바꿨다. 장용영은 1782년 당대의 무술 고수 서른 명으로 장용위를 조직히면서 출범했고, 1785년 장용영으로 개편되면서 군제 개편의 핵심 조직으로 자리매김한다.

정조의 다음 구상은 화성 건설이었다. 수원 화성은 1794년 1월에 공사를 시작해 1796년 9월에 건설을 완료했다. 화성 건설로 정조는 사도세자의 명예를 회복해 국왕인 자신의 위상을 높이고, 친위 세력을 대거 화성에 배치해 정국 주도권을 확보하려 했다. 또한

 격변의 시대, 위기를 지배하라

수원 경제 활성화로 기존 노론 집권층과 연계되지 않은 새로운 상업 세력을 육성하려 했다.

그러나 집권 24년 만에 갑작스러운 죽음을 맞음으로써 노론 일색의 정국 구조를 타파하고 국왕이 중심에 선 정치를 추구한 정조의 개혁은 막을 내렸다. 이후 정국 주도권은 노론에게 다시 돌아갔고, 안동 김씨의 세도정치가 펼쳐지면서 정치는 부패하고 국력은 쇠퇴하면서 조선 왕조는 몰락으로 이어지고 말았다.

| 로이드 조지 | 5인 전쟁내각으로 승리를 이끌다

1914년 6월 28일 세르비아 사라예보를 방문 중이던 오스트리아-헝가리 제국의 황태자 프란츠 페르디난트 부부가 시내 중심가에서 권총으로 암살되었다. 이를 계기로 영국-프랑스-러시아의 삼국협상 연합군과 독일-오스트리아-오스만 제국의 삼국동맹 동맹국을 중심으로 주변국들이 가세하는 전쟁이 발발한다.

곧 제1차 세계대전이다. 후일 연합국 진영에서 공산 혁명이 발발한 러시아가 이탈했지만 1917년 미국이 참전하면서 최종적으로는 1918년 연합국 승리로 종결되었다.

영국은 전쟁 초반기 독일의 공세를 막아 내고 후반기 미국의 참전을 이끄는 과정을 주도하는 승전의 주역이었다. 연합국 승전의 핵심에는 1916년 2월 로이드 조지가 영국 수상으로 취임하면서 조직한 초소형 고효율의 5인 전쟁내각(War Cabinet)이 있었다.

영국의 전시 체제를 완전히 바꾼 역사적 전환점으로, 전 세계에 산재된 영국 권역에서 단기간에 병력과 물자를 조달해 군수물자 생산을 끌어올리면서 그 과정에서 발생 가능한 불필요한 사회경제적 갈등을 최소화하는 결정적 역할을 수행했다. 특히 미국의 참전을 이끌어 최종 승리의 결정적 계기를 마련했다. 제1차 세계대전 승리를 견인한 영국의 전쟁내각은 현대 국가 위기 관리 체제의 원형으로 평가된다.

조지의 영국 수상 취임 시점에서 제1차 세계대전 전황은 전체적으로 교착 상태였다. 프랑스의 서부전선은 참호전으로 정체되었으며, 동부전선의 러시아는 급속히 약화되고 있었다. 근본적 문제는 영국의 전쟁 수행 능력이 급속히 저하되고 있었다는 점이었다.

전쟁이 장기화되면서 군수물자 생산에 차질이 빚어지고 있었고, 군대 내부적으로도 전통적 우위인 해군과 전쟁의 주역으로 부상한 육군 간의 갈등이 증폭되면서 통합 지휘 체계가 무력화되는 지경이었다.

더욱이 영국민들 사이에서 전쟁 장기화로 인한 피로감이 커지면서, 지엽적 이익을 추구하는 정치인들이 발호했고 정부의 의사 결정도 혼란을 겪으며 느려지고 있었다.

조지는 "전쟁은 수십 명이 토론하는 방식으로는 이길 수 없다"라며 소수 정예 핵심 인원으로 전쟁 수행 리더십을 구축하기로 결론을 내렸다. 기존 스무 명의 내각을 다섯 명으로 압축하는 전쟁내각을 구성해 전쟁 수행 관련 전권을 확보했다. 전쟁내각의 구성과 역할 분담은 '정당-직책-부서'와 같은 기존 조직 구조가 아니라 '업무 수행 역량-필요 역할'을 기준으로 구성했다.

자유당 대표이면서 총리인 자신이 의장을 맡고 노동당 대표로 아서 헨더슨, 상원 대표 조지 커즌, 보수당 대표인 보너 로, 전략-군수 관리 전문가인 알프레드 밀너의 다섯 명이었고 필요에 따라 영국군 지휘부가 참석했다.

전쟁내각은 전쟁내각회의를 매일 아침 개최했다. 과거 기존 내각은 전쟁 중임에도 불구하고 주 1회 또는 격주로 개최해 긴박한 전쟁 상황 급변의 대처에는 너무 느렸다. 이 회의를 통해 군사-경제-보급-해운-외교를 통합해 지휘하는 총력전 체제를 구축했다.

전쟁내각은 신속한 결정과 강력한 추진력으로 난제를 돌파해 나갔다. 먼저 식량 배급제로 식량난을 해소했다. 군수물자 생산이 급상승해 전투 현장에서의 탄약과 무기 부족 현상을 해소시켰다. 독일의 무제한 잠수함 작전에 대응하는 영국 해상수송선 호송 체계(convoy system)를 도입해 병참을 정상화시켰다.

최상위 차원의 전쟁 지휘를 위해 1917년 11월 프랑스-미국과 최고전쟁회의(Supreme War Council)를 설치해 연합국 간 통합 조정 구조를 구성했다. 1917년 10월 공산 혁명으로 연합국 일원이었던 러시아가 전선에서 이탈하면서 영국과 프랑스 간의 갈등도 커지는 상황에서 미군의 참전이 기정사실화되는 시점이었다. 최고전쟁회의라는 통합 기구를 통해 러시아 이탈의 충격을 최소화하고 서부 전선 연합군의 지휘를 일원화해, 이듬해 1918년 3월 시작된 독일의 마지막 공세를 격퇴하고 반격을 실시해 전쟁 승리를 사실상 결정지었다.

전쟁내각은 총력전 시대에 필요한 소수 정예의 신속한 의사결정 모델을 확립했고 의회민주주의 국가에서 강력한 리더십을 발휘하는 사례로 남았다.

평시의 분권은 위기에는 독이 된다

| 샤른호르스트 | 군 개혁으로 독일 통일의 체력을 만들다

인류의 역사와 전쟁의 역사는 동일하지만 양상은 변화해 왔다. 돌과 몽둥이로 시작된 원시 집단 간 난투극은 국가가 출현하면서 무기와 병력, 지휘관과 용병술이 결합된 고도의 작전으로 발전되었다. 로마 이후 중세 시대에 전쟁은 왕과 귀족들의 영역이었다. 전투는 왕-영주-기사로 이어지는 봉건 귀족들이 주도하고 돈으로 고용하는 용병들이 참가하는 형태로 진행되었다.

이러한 양상은 1789년에 일어난 프랑스 혁명을 계기로 급변했다. 왕과 귀족은 몰락했고 혼란기의 혁명 정부는 용병을 고용할

　　격변의 시대, 위기를 지배하라

재원이 없어 징병제를 통해 일반 시민으로 프랑스 공화국 혁명군
(Armée Révolutionnaire)을 편성했다.

빈약한 무기에 훈련도 부족해 오합지졸에 불과하다는 조롱을
받았던 혁명군은 나폴레옹 보나파르트라는 군사 천재의 지휘로 오
스트리아를 비롯한 왕당파 동맹군에게 연전연승을 거뒀다.

나폴레옹과 중부 유럽 군사 강국 프로이센의 필연적 대결은
1806년 예나-아우어슈테트에서 벌어졌다. 프로이센군은 단 하루
의 전투로 사실상 소멸되었고 프로이센의 수도 베를린이 점령되면
서 국가 패망의 위기에 몰렸다.

계몽 군주이자 군사적 천재였던 프리드리히 대왕 시절부터 프
로이센군은 유럽 최강이었다. 그러나 굴욕적인 패배를 당하면서
프로이센군 내부에서도 자성과 개혁의 흐름이 나타났다.

프로이센군 지휘부는 50년 전인 7년전쟁 당시의 고루한 전술
개념에 머무른 노쇠한 장군들이 주축이었다. 반면 프랑스군은 징
병제로 편성한 대규모 병력, 혁명 이념이 충만한 정신전력, 군단-
사단제를 도입한 조직력, 귀족-평민 등 출신을 불문하고 능력으로
발탁되는 장교의 역량에서 앞서 있었다.

프로이센의 군대 개혁은 국왕 프리드리히 빌헬름 3세의 명을 받
은 게르하르트 폰 샤른호르스트가 주도했고 후일 『전쟁론』으로 유
명해진 카를 폰 클라우제비츠가 핵심 실무진으로 활약했다.

군대를 귀족 중심에서 국가적 조직 구조로 변화시키고 신분을

불문하고 장교로 등용했다. 보편적 병역 제도를 도입해 국민 모두가 일정 기간 군대에 복무하는 국민군의 개념으로 전환했다. 지휘관을 보좌하는 참모 제도를 도입해 작전, 정보, 병참 등 전문적 영역을 담당하는 특정 분야의 참모들에게 책임과 권한을 부여했다.

이들은 해당 분야에 필요한 정보를 수집하고 사령관에게 보고해 상황을 판단하게 하고, 지침을 받아 해당 부대에 명령을 신속히 전달하는 역할을 맡았다. 프로이센의 참모 조직은 오늘날 전 세계 군대의 기본 구조로 발전했고 우리나라의 전투 부대 최고 지휘관을 참모총장으로 지칭하는 배경이다.

재탄생한 프로이센군은 라이프치히 전투(1813~1814), 워털루 전투(1815)에서 프랑스군을 연이어 격파하며 나폴레옹을 몰락시켰다. 50여 년 후 독일 통일 과정에서 덴마크(1864), 오스트리아(1866), 프랑스(1870~1871)에 연승을 거두면서 1871년 독일제국을 수립하는 기초 체력이 만들어졌다.

일본도 프로이센의 군대 제도를 벤치마킹해 참모 제도를 도입한다. 일본 육군 장교 출신으로 후일 총리까지 역임한 가쓰라 고고로는 일본식 참모조직 대본영(大本營)을 설치해 청일전쟁, 러일전쟁을 승리로 이끈다. 일본은 제2차 세계대전에서 패전했지만, 그 효과가 입증된 참모 조직의 개념은 일본 대기업에 비서실의 형태로 응용, 도입되었다.

 격변의 시대, 위기를 지배하라

| 삼성 | 핵심 참모조직으로 도약 시스템을 구축하다

삼성은 우리나라의 대표 기업이다. 1938년 삼성상회가 대구에서 무역-도매업으로 설립되었고 1960년대에 제분, 제당, 섬유 등 제조업으로 확장했다. 1970년대 전자 산업, 1983년 반도체 산업에 진출했다. 오늘날 전 세계 반도체 산업의 주요 기업으로 메모리 분야의 최강자 지위에 올라섰다.

세계 경제 변방의 삼성을 현재 글로벌 기업으로 성장시킨 변곡점 중 하나는 비서실의 도입이다. 최고경영자를 보좌하는 비서실로 조직 내부 최고의 인재와 최첨단 정보가 모이고 활용되면서 삼성의 성장을 견인했다. 비서실은 그룹 전체의 인적, 물적 자원을 효과적으로 배분하고 그룹 차원의 시너지 효과를 높이면서 고도성장을 지속하고 위기 시에 대처 능력을 극대화했다.

삼성 창업주 이병철 회장은 기업 규모가 커지면서 경영 이념과 사업 관련 지시가 계열사에 명확하게 전달되고, 계열사의 현황을 신속하고 정확하게 파악하는 별도 기구가 필요하다고 생각해 1959년에 비서실을 출범시켰다.

1975년에는 일본의 종합상사인 미쓰비시, 미쓰이, 스미토모를 벤치마킹해 대대적으로 확대 개편했다. 일본 이토추상사 회장인 세지마 류조의 자문으로 우리나라에 종합무역상사 제도가 도입된 시점이었다. 삼성 내부적으로는 경공업 중심의 삼성이 중화학 공업으로 사업 구조를 전환하면서 최신 정보와 경영 기법을 계열사

에 전달하는 데 역점을 뒀다.

프로이센의 참모본부, 일본의 대기업에 최고의 인재가 모여 있 듯 삼성도 고도성장기의 인적, 물적 자원 부족을 핵심 참모조직에 집중시켜 해소했다. 또한 비서실은 세계 각지에 지사를 운영하는 삼성물산을 통해 수집한 정보를 분석해 그룹 최고경영자는 물론 각 계열사 경영진의 사업적 의사결정을 실질적으로 지원했다.

삼성 비서실이 그룹 경영의 핵심으로 부각되고 그룹의 성장을 견인하면서, 국내 여타 기업들도 비서실과 유사한 참모조직에 대 한 관심이 높아졌다. 이후 국내 대기업들이 도입한 종합기획실, 경 영기획실 등은 삼성 비서실과 미국 대기업의 코퍼레이트 헤드쿼터 (cooperate headquarter)를 기본 모델로 만들어졌다.

1997년의 외환위기로 선단식 경영에 대한 비판이 고조되어 국 내 대기업의 비서실, 종합기획실 등은 폐지되고 구조조정본부로 재편되었으나, 컨트롤 타워로서의 기능은 더욱 중요해졌다. 위기 상황에서 신속한 의사결정과 효과적 실행이 필요한 그룹 차원의 유동성 확보, 사업 구조 재편 등에서 구조본의 역할은 지대했다. 프 로이센의 군대 참모조직을 모델로 만든 특성대로 위기 시에 통합 조정의 컨트롤 타워 기능이 필요하다는 것을 입증한 사례다.

평화 시와 위기 시는 패러다임이 다르다. 평화 시에는 안정된 환 경에서 새로운 가능성을 찾아 확장하는 것이 우선이고, 위기 시에는 격변하는 환경에서 생존력을 높이는 것이 무엇보다 중요하다. 따라서 평화 시에는 자율 경영, 분권화, 권한 위임이 키워드지만, 위기 시에는 중앙 통제, 집중화가 키워드다. 특히 다양한 사업 분야를 가진 대기업은 그룹 전체의 유동성 관리, 리스크 관리 등 전체 균형을 추구해야 한다. 부분의 합이 곧 전체의 합은 아니기 때문이다.

핵심 자리에 핵심을 앉혀라

"천하를 얻으려면 다섯 명이면 족하다. 한 명의 스승, 한 명의 책사, 세 명의 충복이 바로 그들이다"라는 격언이 있다. 소수 핵심 인력 확보의 중요성을 나타내는 표현이다. 유비가 촉나라를 세운 것도 관우와 장비 두 충복에 제갈공명이라는 책사가 핵심 역할을 했기 때문이다.

위기일수록 조직의 응집력이 필요하다. 조직의 응집력은 리더의 의중을 읽고 일사불란하게 움직이는 핵심 인력의 조직력에서 출발한다. 평상시에는 널리 사람을 구하고 다양하게 활용해 볼 수 있는 여유가 있지만 위기 시에는 사치스러운 일이다. 특히 신속한 의사결정과 행동, 조직에 대한 충성심이 요구되는 위기 상황이라면 핵심 포스트에 핵심 인력을 배치해 조직력을 극대화해야 한다.

핵심 인력의 기준은 역량과 충성심인데, 무엇보다 충성심이 우선되어야 한다. 핵심 인력을 핵심 포스트에 배치해 조직력과 실행력을 극대화하는 것이 위기 시 조직 구성의 기본 전제다. 또한 위기 상황일수록 조직 구조를 단순화하고 의사결정의 책임과 권한을 명확히 해야 한다. 평상시와 달리 보안이 요구되는 사항이 많고 의사결정을 신속히 해야 하기 때문이다. 스피드는 특히 위기 상황에 요구되는 필수 덕목이다.

컨트롤 타워에 필요한 핵심 인력은 학식이 높거나 덕망 있는 책상물림이 아니다. 현재 벌어지고 있는 문제의 본질을 신속하고 정확하게 이해하고 적용 가능한 대책을 구사할 수 있는 인재여야 한다.

1973년 제4차 중동전쟁(욤키푸르전쟁) 당시 이스라엘의 탱크 부대장으로 이집트군에 포위된 이스라엘 공수부대원 890명을 구하는 전과를 올렸고, 총리 시절인 2000년 팔레스타인과의 캠프 데이비드 평화협정을 막바지까지 이끈 에후드 바라크 장군은 말했다.

폭풍우 속에 비행기를 착륙시킬 때 진정 필요한 자는 파일럿처럼 말하거나, 파일럿처럼 생겼거나, 파일럿 옆에 앉아 본 사람이 아니라 진짜 파일럿이다.

4장

위기를 견디게 하는
단 하나의 가치

의미 없는 일에
사람은 목숨을 걸지 않는다

사람은 빵 없이 살 수 없다. 하지만 빵만으로도 살 수 없다. 사람이 살아가는 데는 물질적 조건과 정신적 요소가 균형을 이루는 게 중요하다.

사람이 가진 강력한 에너지는 대개 육체가 아니라 정신에서 나온다. 비슷한 신체 조건을 가진 운동선수들도 정신력 차이에서 성적이 판가름 난다. 일반인들도 마찬기지다. 어려움에 맞닥뜨렸을 때 나약한 사람은 쉽게 주저앉고 말지만, 강인한 정신력을 가진 사람은 헤쳐 나온다.

조직의 에너지는 물질적 조건과 정신적 역량의 결합이다. 물질적 여건이 충분해도 정신 무장이 부족하면 에너지는 반감된다. 특히 결정적 순간의 승부는 물질 조건보다 정신력이 좌우한다.

사람은 자신이 하는 일에 의미를 부여하려는 성향이 강하다. 자신의 행동에 가치를 두면, 보통의 경제적 이해 관계로는 해석하기 어려운 수준의 강력한 에너지를 종종 발산한다. 노숙자를 돌보고자 인생을 바치거나, 종교적 신념 때문에 순교자의 길을 걷고, 조국을 위해 전쟁에서 목숨을 바치는 일들이 그런 사례다.

사람이 모인 조직도 마찬가지다. 단순한 물질적 조건만 충족시켜서는 한계가 뚜렷하다. 조직의 핵심 가치를 공유하는 등 정신적 조건을 확보해야만 강한 조직이다.

위기를 맞은 조직은 더욱 그렇다. 조직이 리더를 중심으로 똘똘 뭉쳐 강력한 에너지를 발산하려면 정신 무장이 핵심이다. 정신 무장은 조직의 핵심 가치를 상황에 맞게 재확인하고 재해석해 정신력을 극대화하는 것이다.

서양의 고대 세계에서 전쟁은 일상적인 일이었다. 당시 군인은 전문직이었고, 돈을 받고 대신 전쟁을 수행하는 용병이 보편적이었다. 이러한 상황에서 그리스와 로마는 시민이 곧 군인이 되는 시민군 체제였기에 강한 군대를 보유할 수 있었다. 용병들이 돈을 위해 싸울 때, 시민군은 자신의 가족들을 위해 싸운다는 점에서 전쟁에 임하는 자세가 달랐던 것이다.

국가는 외적의 침입을 받으면 국민에게 단결해 싸우도록 호소한다. 민족과 가족이라는 구체적 대상에서부터 자유와 인권이라는 추상적 가치까지 동원해, 이를 지키기 위해 싸워야 한다는 당위성을 역설하고 제공한다.

기업 조직도 마찬가지다. 위기를 맞아 조직 전체가 한 방향으로 행동해야 하는 시점에서는 무엇보다 내부 구성원들이 현실 인식과 가치관을 강력히 공유해야 한다. 위기의 본질에서 생존을 위해 행동해야 하는 이유를 조직원 모두 공감할 수 있어야 하는 것이다.

위기를 맞은 조직이 활로를 찾기 위해서는 생존을 위한 물질적 토대를 확보하는 것이 최우선 과제이고, 중장기적으로는 정신적 기반을 재구축해야 한다.

사람이란 자신이 하는 일에 의미를 부여하는 본능이 있기 때문에, 조직의 리더 그룹이 조직원의 행동에 가치와 의미를 부여하는 것은 조직 에너지를 상승시키는 효과가 있다.

명분은 조직의 정신력을 끌어올린다

| 고주몽 | 천손신화(天孫神話)로 명분을 선점하다

고구려의 건국 시조로 동명성왕이라 불리는 고주몽은 북방 만주 지역 송화강 유역에서 세력을 떨친 당대 최강국 부여에서 금와왕의 후궁인 유화부인의 아들로 태어났다.

고구려 건국 신화에 따르면, 고주몽의 친아버지는 하늘을 다스

　격변의 시대, 위기를 지배하라

리는 천제의 아들 해모수이고 친어머니 유화부인은 강을 다스리는 하백의 딸이다. 고주몽의 할아버지는 천제이고 외할아버지는 하백이니, 하늘과 땅의 정통성을 잇는 인물이라는 서사가 만들어진다. 금와왕은 유화부인을 맞으면서 고주몽도 함께 거둔 양아버지다.

고주몽은 어려서부터 영민했고 성년기에 들어서서는 특히 활을 잘 쏘고 무예가 뛰어나 큰 인물의 자질을 보였다. 당시 부여 금와왕에겐 정실에서 태어난 일곱 명의 왕자가 있었는데, 주몽이 자신들의 차기 왕위를 위협한다고 판단해 극심하게 견제했다. 신변 안전도 어려워진 주몽은 부여를 떠나 새로운 지역에 자신의 세력을 구축하기로 결정했다.

부여를 떠난 그는 지금의 압록강 중상류인 졸본 지역에 정착했다. 중국 한나라와 만주 부여를 잇는 전략적 요충지로 졸본부여, 비류국 등의 소규모 부족 국가와 씨족 집단들이 산재해 있었다. 이들은 외부 이주 집단인 주몽의 등장을 경계하고 충돌도 불사했다.

초기에 맞닥뜨린 상대는 졸본 지역의 중심국으로 자처하던 송양국(松讓國)이었다. 비록 소국이었지만 성곽을 축성했고 송양으로 불리는 군장(君長)이 지도자 역할을 하고 있었다. 적대적 태도의 송양국에 대해 주몽은 선제적으로 명분을 확보하고 필요할 때 실력을 과시하는 투트랙 전략으로 대응했다.

명분의 핵심은 하늘의 자손이었다. 당시 부여와 졸본 지역인들은 하늘을 숭배했고 하늘 신의 정기를 타고난 자는 활 솜씨가 뛰어나다고 믿고 있었다. 주몽은 하늘 신의 자손으로 강물 신의 정기를 이어받은 자신을 따르는 것이 합당하다고 주장했다.

그럼에도 대립하는 송양에게 활쏘기 시합으로 우열을 가리자고 제안했다. 실제 시합에서 압도적 실력을 선보이자 송양은 항복했다. 그렇게 주몽은 송양국을 복속시키고 지배자가 되었다.

이후 이주 세력과 토착 세력의 결합이 시작되었다. 전환점은 졸본 지역 유력자였던 연타발의 딸 소서노와의 결혼이었다. 그렇게 외부 세력과 토착 세력이 정치-경제-군사적으로 연합하는 전략적 동맹 구조를 완성했다.

부여에서 이동한 소규모 이주 세력에 불과했던 주몽이 졸본 지역을 장악하고 고구려 건국에 이르는 과정은 명분과 실력의 효과적 결합이었다. 하늘의 자손이라는 신성한 혈통으로 명분을 확보해 토착 부족을 제압하고 활쏘기를 통해 영웅적 자질을 입증하는 방식이었다.

주몽 이후 고구려는 동북아 지역의 강대국으로 성장해 700년 동안 존속했다. 고구려 왕족인 고(高) 씨는 하늘 신의 직계라는 의미였고, 고구려는 하늘 신의 가호를 받는 특별한 나라로 자리매김했다. 시조가 일반적 사람이 아니라 하늘의 자손이라는 믿음은 고구려 국가 통치의 기본 이념으로 확장되었다.

494년 부여가 말갈의 침략으로 멸망하고 왕과 귀족들이 고구려로 이주한 이후 주몽의 왕호(王號)는 동명성왕이 되었다. 원래 동

　　　　　　격변의 시대, 위기를 지배하라

명성왕은 고구려 원류였던 부여의 시조 설화에 등장한다. 부여가 멸망하면서 동명성왕 명칭까지 계승해 고구려는 정통성을 더욱 강화했고, 자신들을 유일한 하늘 신의 자손으로 하늘 아래 세상의 중심으로 자처했다. 광개토대왕비는 주몽이 하늘의 자손으로 마지막에 승천했다고 기록한다.

세상의 왕위를 기뻐하지 않으시니 이에 하늘이 황룡을 보내어 내려와서 왕을 맞으시니 왕은 졸본의 동쪽 언덕에서 용의 머리를 밟고 승천하시었다.

| 헨리 5세 | 나와 함께 피를 흘리는 자는 나의 형제다

윌리엄 셰익스피어 희곡의 주인공으로 유명한 헨리 5세는 영국인들이 가장 사랑하는 인물로도 손꼽힌다. 젊은 시절 망나니였던 그는 왕위에 오른 뒤 엄격하고 현명한 군주로 변신했다. 왕위에 있던 기간은 9년에 불과했지만 "표류하던 나라를 맡아 단기간에 유럽 최강국으로 만들었다"라는 평가처럼 국가적 면모를 일신했다. 헨리 5세는 신민들의 헌신을 이끄는 타고난 재능이 있었다. 아쟁쿠르 전투에서 이러한 능력이 십분 발휘되었다.

영국과 프랑스 간에 왕위와 영토를 둘러싸고 벌어진 백년전쟁 후반부였던 1415년 10월 25일, 영국과 프랑스는 칼레 인근의 작은 마을 아쟁쿠르에서 대치했다. 전쟁의 양상은 프랑스에 절대적으로 유리했다.

헨리 5세가 이끄는 영국군은 8월 14일 노르망디에 상륙해 계속 이동했다. 가을비 속에서 500km가 넘는 행군 거리는 영국군을 지치게 했다. 기진맥진한 영국군 6천 명은 프랑스군 2만 명과 싸워야 했다.

헨리 5세는 전투 시작 하루 전날을 참회의 날로 선포했다. 병사들은 지옥에 가지 않기 위해 기도로 죄를 씻었다. 헨리 5세는 결전을 앞둔 병사들에게 연설했다.

우리는 소수이지만, 행복한 소수, 하나의 형제다.
오늘 나와 함께 피를 흘리는 자는 천한 출신이라 해도 오늘 귀하게 된다.
오늘 나와 함께 피를 흘리는 자는 모두 나의 형제다.

신과 같은 존재인 국왕이 평민 병사들을 형제(band of brothers)로 호칭하는 연설에 감격한 영국군의 사기는 충천했다. 프랑스군은 병력 숫자의 우세를 믿고 여유만만하게 공격 준비를 하는 와중에 영국군은 예상을 깨고 선제 공격을 감행했다.

영국군 장궁병들이 화살을 날리며 접근하자 프랑스 기병들이 달려들었다. 그러나 궁수 부대 전면에는 날카롭게 깎은 막대기로 만든 장벽을 숨겨 놓았고, 장벽에 막힌 프랑스 기병들은 후퇴했지만 보병 부대와 엉기면서 전열이 무너졌다.

영국군 궁병들이 대대적으로 불화살을 쏘자 프랑스군은 대혼란에 빠졌다. 헨리 5세의 독전에 영국군 주력 보병 부대는 신속히 진군해 우왕좌왕하는 프랑스군을 공격했다.

전투 결과 프랑스의 전사자와 포로는 7천 명에 이르렀던 반면 영국군의 피해는 1,600명에 불과했다. 이 전투 후 영국은 칼레를 점령했고, 북프랑스는 영국의 지배를 받게 되었다.

| 클라우제비츠 | 근대 총력전 승리의 요체는 정신전력이다

19세기 초반 프로이센의 군인으로 『전쟁론』을 집필한 카를 폰 클라우제비츠는 전쟁이 무력으로 상대방을 제압하는 군사 행동의 차원을 넘어, 국가 단위의 정치-외교와 연결시켜 목적을 달성하는 전략적 수단이라는 개념을 최초로 제시했다. 또한 나폴레옹의 등장으로 전쟁 양상이 국가의 모든 역량이 동원되는 총력전으로 바뀌는 시대에 정신전력의 중요성을 강조했다.

클라우제비츠는 프로이센 중산층에서 태어났다. 1801년 베를린 군사학교에 입학해 1804년에 수석으로 졸업했다. 계몽 군주이자 군사적 천재였던 프리드리히 대왕 시절부터 프로이센군은 유럽 최강이었다.

그러나 프로이센군은 1806년 10월 14일 예나-아우어슈테트 전투에서 프랑스 군대와 맞붙어 사실상 소멸되고 말았다. 수도 베를린이 점령되었고 폴란드와 작센 지역을 상실하면서, 영토가 대폭

축소되었다.

1812년에는 러시아 군대에 입대해 프랑스 나폴레옹 군대와 전투를 벌였다. 이후 프로이센 군대에 다시 입대해 1818년부터 베를린의 군사학교 교장으로 12년간 근무했다.

이론과 실전을 겸비한 개혁가였으나 구태의연한 지휘부에서 배척당해 장기간 한직에 머물렀다. 하지만 이 시기는 『전쟁론』의 방대한 원고를 작성하는 기회가 되었다. 1830년 숙원이었던 전투 부대 복귀를 발령받았지만 콜레라에 감염되어 1831년 51세에 세상을 떠났다.

유럽에서 전쟁의 양상은 프랑스 혁명과 나폴레옹의 등장을 계기로 급변했다. 프랑스의 왕과 귀족이 몰락하면서 정규군은 실질적으로 와해되었다. 퇴위한 루이 16세가 처형되자 혁명 전파를 우려한 오스트리아, 프로이센, 스페인, 영국, 네덜란드 등의 주변 강대국들이 동맹을 결성해 프랑스를 공격했다.

프랑스 공화국 혁명군은 빈약한 무기에 훈련도 부족해 오합지졸에 불과하다는 평가였다. 그러나 나폴레옹이 지휘하는 혁명군은 소위 전투 전문가로 구성된 동맹군에게 연전연승을 거뒀다.

프랑스 군대는 징병제로 편성한 대규모 병력, 혁명 이념이 충만한 정신전력, 군단-사단제를 도입한 조직력, 귀족-평민 등 출신을 불문하고 능력으로 발탁되는 장교의 역량에서 앞서 있었다. 특히 1793년 실시된 징병제로 편성된 프랑스 혁명군은 국가 수호라는 분명한 목표와 동지적 유대감으로 무장해 강력한 전투력을 발휘했다. 전쟁의 목표도 상대방을 제압하고 배상금과 일부 영토를 획득하는 왕실-귀족 간의 제한 전쟁에서 적국을 섬멸하는 총력 전쟁으로 변화되었다.

이러한 변화를 통찰한 클라우제비츠는 전쟁을 단순한 군사 기술이 아니라 정치적, 물리적, 심리적 요소가 얽힌 복합 행위로 규정했다. 특히 정신적 힘을 근대적 지성이 발휘되는 고도의 정신 작용으로 이해했다.

전투력의 개념은 물리적인 전투만이 아니라 정신적인 전투력도 함께 고려해야 한다.

— 『전쟁론』 1권 2장

전쟁 지휘관의 천재성 수준은 국민의 일반적인 정신의 발현 수준에 달려있다. (...) 전쟁에서 유명한 민족의 명성은 언제나 더 높은 수준의 문명에서 이뤄졌다. (...) 불확실한 전장에서 지성은 어떠한 어둠 속에서도 인간의 정신을 진실로 이끄는 내면적인 불빛이다.

— 『전쟁론』 1권 3장

위기를 대하는 태도를
명확히 하라

| 하워드 슐츠 | 창업 정신으로 돌아가 위기를 극복하다

스타벅스는 1971년 미국 시애틀에서 고급 커피 원두와 커피 추출 도구를 판매하는 소매점으로 시작되었다. 창업자는 제리 볼드윈, 제브 시글, 고든 보커 3인이었고 소비자가 매장에서 구입한 커피 원두로 커피 추출기를 사용해 가정에서 직접 음료를 만들어 마시게 하는 것이 사업 모델이었다.

1982년 29세의 하워드 슐츠가 마케팅 담당자로 입사했다. 그는 이탈리아 밀라노 출장에서 들른 에스프레소 카페바의 맛과 분위기에 깊은 인상을 받고 미국에서도 사업성이 있다고 판단했다. 경영진에게 커피 원두와 커피 머신이 아니라 커피 음료를 파는 사업으로 전환하자고 제안했으나 부정적 반응이었다.

지속적인 설득으로 1984년 일부 매장에서 테스트 삼아 커피 음료를 판매했으나 미래 사업성에 대한 이견으로 갈등이 증폭되었다. 이윽고 슐츠는 1985년 스타벅스를 퇴사하고 카페 일 지오날레를 창업한다. 2년 후 일 지오날레가 스타벅스를 인수하면서 슐츠가 스타벅스의 CEO로 취임한다.

1992년 주식시장에 상장하는 등 사업이 확장되었고, 슐츠는 2000년에 CEO 자리에서 물러났다. 그러나 스타벅스의 실적은 곧

두박질쳤다. 과도한 매장 확장, 복잡한 메뉴로 브랜드 정체성이 약화되는 가운데 2007년 금융위기로 실적이 급속히 악화되었다.

슐츠는 2008년 1월 CEO로 복귀해 경영 정상화를 추진했다. 미국 전체 매장 7,100개의 영업을 중지하고 바리스타를 재교육시키며 커피를 마시는 경험 공간이라는 브랜드의 본질을 회복했다. 수익성이 떨어지는 600개 매장은 폐쇄해 운영 효율성을 높였고, 모바일-디지털 결제 기반을 구축했다.

경영 정상화 이후 2017년 슐츠는 CEO에서 퇴임했다. 그러나 2022년 코로나 유행으로 인건비가 급등하고 노조가 확산되면서 매장 운영의 안정성이 떨어졌다. 2022년 4월 슐츠는 다시 CEO로 경영 일선에 복귀했다. 직원 보상 확대, 매장 구조 개선 및 고객 경험 중심 서비스 강화로 다시 경영과 조직을 안정화시키고 2023년 다시 CEO 자리에서 물러났다.

스타벅스의 역사를 압축하면 창업과 피보팅, 두 번의 경영 위기에 두 번의 CEO 복귀로 경영을 정상화시킨 단계다. 전문경영인이 수익성과 효율성 위주로 운영해 스타벅스의 기본적 가치가 퇴색되면서 경영이 악화되어, 실질적 창업자인 하워드 슐츠가 두 번 모두 복귀해 단시간에 경영 정상화를 이룬 역사다.

위기 시에 등판한 슐츠의 구호는 "다시 원점으로 돌아간다(Back to the core)"였고 원점은 '경험 중심(Experience First)' '사람 중심(People First)'이었다.

'경험 중심'은 '제3의 공간(Third Place)'으로 집도 아니고, 직장도 아닌 '세 번째 공간'에서 고객들이 편안하게 휴식하고 대화하는 공간의 경험을 의미한다. 슐츠는 정의했다. "스타벅스는 커피를 파는 회사가 아니라 경험을 파는 회사다."

'사람 중심'은 "스타벅스는 커피 사업이 아니라 사람 사업이다"라는 슐츠의 지론처럼 직원을 우선 대우하면 직원이 고객을 잘 대우한다는 관점이다. 직원을 존중하고 교육과 승진 기회를 부여하며 파트타임에게도 의료보험 혜택을 준다.

슐츠가 스타벅스 철학의 구현자로서 일시적으로 좌표를 잃은 조직에 두 번 복귀해 경영 정상화에 성공한 비결은 기본 가치를 재정립하고 시대에 맞게 재해석해 성과로 연결되기 때문이다.

| 이나모리 가즈오 | 사업의 본질을 회복해 일본항공을 재건하다

교세라 창업자 이나모리 가즈오는 일본에서 파나소닉 창업자 마쓰시타 고노스케, 혼다자동차 창업자 혼다 소이치로와 함께 '경영의 신(神)'으로까지 존경받는다.

일본 남단 규슈의 가고시마 대학 공학부를 졸업하고 쇼후공업에서 근무한 후 1959년 교세라를 창립해 당대에 글로벌 기업으로 성장시켰다. 독실한 불교 신자로서 인간을 존중하는 자비(慈悲)를 경영 철학의 근간으로 삼았던 그는 65세 퇴임 후 출가해 5년간 승려 생활도 했다. 2010년 78세의 고령으로 부실 공기업 일본항공의

회장으로 취임해 1년 만에 회생시키는 기적을 이뤘다.

2010년 1월 19일 일본 최대의 공기업 일본항공이 파산한다. 모든 계열사가 동시에 파산했고 부채 총액 약 2조 3천억 엔(약 23조 원)으로 일본 역사상 최대 규모였다. 공기업 특유의 비효율이 누적되는 와중에 강력한 노조의 무리한 요구에 끌려다니면서 수익성이 지속적으로 악화했다. 소위 '국민 항공사'라는 허울 좋은 미명하에 정치적 영향으로 지방 공항을 살린다고 만성 적자인 다수의 국내선을 유지하는 기업 부실의 종합세트였다. 항공 산업 내부적으로는 저가항공사(LCC)가 등장하며 경쟁이 격화되었고 유가 상승에다가 2008년 글로벌 금융위기로 직격탄을 맞았다.

항공 전문가들조차 막대한 자금을 투입해도 일본항공의 회생 가능성은 거의 없다고 평가하는 최악의 상태였다. 일단 도쿄지방법원의 관리 아래 기업재생지원기구(ETIC)와 국토교통성이 구조조정을 주관하고 있었지만 회생을 추진할 경영자를 찾기가 어려웠다. 당시 일본 총리였던 하토야마 유키오는 현업에서 은퇴한 이나모리 가즈오에게 '일본을 위한 마지막 봉사'를 간곡히 부탁했다. 이나모리는 항공업 경험이 없었지만 고심 끝에 2010년 2월 무보수로 회장에 취임했다.

그는 고객에게 가치를 제공하고 수익을 올리는 기업의 본질을 상실한 일본항공의 회생을 위해 기업 존재의 근본 가치를 명확히 재정립하고 이에 따른 전격적인 조치를 단행했다.

먼저 경영진 53명 중 52명을 교체해 새로운 리더십을 구축했다. 비수익 노선을 대폭 폐지하고 사업 외 자산을 대대적으로 매각했다. 노조와 정면으로 협상해 과도한 급여 체계를 현실적으로 바꿨고 인사 시스템도 성과 중심으로 개혁했다. 4만 8천 명의 직원 중 1만 6천 명을 단번에 감축하는 메가톤급 구조조정으로 조직의 군살을 줄였다. 일본항공은 이듬해인 2011년부터 영업흑자를 기록하면서 기사회생했고 2012년 9월 19일 도쿄증권거래소에 재상장되었다. 소임을 마친 그는 2013년 3월 31일에 퇴임했다.

일본항공 회생 과정은 철학 교육과 아메바 경영이 융합한 드라마였다. 이나모리 회장은 임직원들에게 기업의 근본적 가치와 사명을 직접 강의하는 철학 교육을 전사적으로 실시했다. 과거 일본항공의 경우 겉모습은 기업이지만 실제로는 내-외부 정치 세력이 결합된 좀비였다. 이나모리 회장은 이를 기업 본연으로 돌아가도록 하는 근본 가치 정립이 가장 중요하다고 생각하고 내부 교육을 통해 전파하고 체화시켰다. 아메바 경영은 조직을 최소 수익 단위로 세분화해 관리하는 쿄세라의 독특한 관리 체계다. 이를 일본항공에 도입해 과거 수익 개념 없이 방만하게 운영되던 조직을 고객 가치와 수익성에 기반해 움직이는 유기체로 재탄생시켰다.

이후 이나모리 회장은 떠났지만 그 정신과 가치는 일본항공에 내재된 '자율-책임 경영' 체제로 이어지고 있다.

결집할 가치가 있을 때
조직은 버틴다

먹이가 있는 곳에 동물들이 모이듯 이익이 있으면 사람들이 모여든다. 물질적 이익은 사람들을 움직이게 하는 기본 동인이다. 하지만 물질적 이익만으로 감성과 지능이 발달한 사람을 움직이게 하는 것에는 한계가 있다. 이러한 경우에는 무엇보다도 정신적 가치가 중요하다.

공동체의 리더가 조직을 움직이게 하는 데 있어 물질적 이익이 필요조건이라면, 정신적 가치는 충분조건이다. 조직이 커지고 복잡해질수록 정신적 가치의 중요성은 커진다. 천하 패권을 다툰 역사적 인물들이 항상 대의명분을 선점하려 했던 것도 이런 맥락에서였다. 특히 위기 상황에서는 조직 전체를 결집시킬 수 있는 근본 가치의 공유가 더욱 중요해진다. 위기 상황을 극복하기 위해서는 평상시의 논리를 뛰어넘는 정신적 에너지의 분출이 필요하기 때문이다.

위기를 맞은 조직은 우왕좌왕한다. 예기치 않은 쇼크가 오면 조직 전체가 흔들리고 리더부터 말단 직원들까지 불안감에 휩싸이는 것은 인지상정이다.

하지만 동일한 상황에서도 강한 조직과 약한 조직은 대처하는 방식이 다르기에 결과가 달라진다. 강한 조직은 막연한 불안감을 떨치고 생존의 가능성을 찾아 조직이 보유한 유무형의 역량을 결집시킨다. 반면 약한 조직은 공포에 질려 논의만 무성하고 책임 소재를 둘러싼 상호비방전만 거세지면서 아까운 시간과 자원을 허비하게 마련이다.

위기를 기회라고 흔히 이야기하지만, 기회를 만들어내는 것은 결국 조직력에 달려 있고 조직력의 핵심은 정신적 가치의 공유에 있다.

일본에서 경영의 신으로 추앙받는 마쓰시타 고노스케는 "호황은 좋다, 그러나 불황은 더 좋다"라고 말했다. 불황이 올 때마다 마쓰시타는 자신의 기업가적 비전과 탄탄한 조직력을 바탕으로 회사를 성장시킬 수 있는 기회로 삼았기 때문이다.

마쓰시타는 1933년 '산업보국, 공명정대, 화친일치, 역투향상, 예절겸양'의 5대 강령을 발표했고, '순응동화, 감사보은'을 추가한 7대 정신으로 발전시켜 세계 최초의 기업 사명 선언서를 완성했다. 마쓰시타는 직원들에게 매일 회의에서 '마쓰시타 7대 정신'을 읽고 사가(社歌)를 부르게 했다. 불황을 도약의 계기로 활용할 수 있는 기초 체력은 평소의 정신 무장에서 다져지는 것이다.

  격변의 시대, 위기를 지배하라

5장

유연성은 전략이고
원칙은 생존이다

원칙은 위기일수록
더 엄격해야 한다

사람들에게는 나름대로의 원칙이 있다. 누군가가 지키려는 원칙은 바로 그 사람의 살아가는 모습으로 직결된다. 하지만 '거짓말을 하지 않는다' '신용을 지킨다' '남을 해치지 않는다' 등과 같은 소박한 원칙도 실제로 지키면서 살기는 쉽지 않기 때문에 원칙을 지키면서 사는 사람이 존경을 받는 것이다.

권력이나 돈이 없이도 사회적으로 영향력을 갖는 사람들은 대개 원칙을 지키는 삶을 사는 경우가 많다. 조직도 마찬가지다. 어떤 조직이나 나름의 원칙이 있고, 이 원칙은 바로 그 조직의 모습으로 직결된다. '자유민주주의와 시장경제'를 원칙으로 삼는 국가와 '프롤레타리아 민주주의와 계획경제'를 표방하는 국가는 완연히 다른 모습을 띤다.

어떤 조직에나 원칙이 있지만 실제로 이를 적용해 운영하는 것은 별개의 문제다. 원칙을 단순한 홍보와 대중 조작의 수단으로 이해하는 임기응변에 능한 근본 없는 조직도 있고, 원칙을 보편적으로 적용해 합리적인 조직으로 발전시키는 굳건한 조직도 있다.

원칙은 언제나 지켜져야 하지만 위기 상황일수록 더욱 중요하다. 특히 위기 상황을 일시적으로 모면하기 위해 원칙을 버리는 것은 장기적으로 공동체를 파멸시킨다. 위기를 단순히 모면하거나 덮는 것이 리더의 목표가 아니라, 위기 극복을 통해 조직을 더욱 강하게 만들고 근본적인 개혁을 추구해 더 큰 발전의 계기로 만드는 것이 리더의 목표이기 때문이다.

원칙은 말이 아니라 힘으로 지켜진다

| 최명길 | 허세적 명분이 아니라 현실적 생존을 원칙으로 삼다

1592년 일본이 조선을 침략하면서 시작된 임진왜란은 명나라가 원군을 보내면서 국제전으로 확대되었다. 동북아 3국인 조선, 일본, 명나라가 전쟁을 하는 공백기에 만주에서 여진족이 발흥했다. 1616년 누르하치가 후금을 건국하고 세력을 키워 1636년 국호를 청으로 변경했다.

중국 명나라 정복을 국가 전략으로 삼으면서 조선을 견제하고자 1차로 침공한 정묘호란이 1627년에 발발했고 이어서 2차로 병자호란이 1636년에 일어났다. 조선은 정묘호란 이후 10년의 시간이 있었지만 군사-외교적으로 현실적인 대응책 없이 공허한 논쟁만 계속하다가 전쟁을 맞았다.

1636년 12월 1일, 청 태종은 12만여 명의 원정군을 심양에 집결시킨 뒤 다음 날 조선으로 출발했다. 청군은 기병 중심의 기동성을 적극 활용해 조선 방어를 위해 구축한 주요 성곽을 우회해 한양으로 진격했다. 청군 선봉 부대는 12월 8일 압록강을 건넌 후 12월 14일에는 한양 인근까지 진출했다.

조선에서는 외적의 침입을 알리는 봉화 체계도 마비되어 12월 13일이 되어서야 청의 침공을 알았다. 강화도로 피신하려던 인조는 청에 의해 길이 막히자 남한산성으로 들어갔다. 청군은 곧바로 12월 15일부터 남한산성을 포위했다.

남한산성의 조선군은 1만 3천 명으로 수비는 가능했으나 방어 순비가 미흡하고 식량도 부족해 전투력은 극히 취약한 상태였다. 외곽의 조선군이 구원에 나섰지만 무위로 끝났고 1632년 1월 26일 왕실 가족들이 피난했던 강화도가 함락되었다. 1월 30일 인조가 말에서 내려 청 태종에게 삼배구고두(三拜九叩頭, 세 번 절하고 아홉 번 머리를 조아리는 항복 의식)를 올리면서 전쟁은 끝났다.

한 달 반의 전쟁 기간 조선 조정에서는 명분론에 입각해 끝까지

  격변의 시대, 위기를 지배하라

싸우자는 척화파 김상헌과 현실론에 입각해 항복해 국가를 보전하자는 주화파 최명길의 입장이 대립했다.

각자 나름의 입장이 있었지만 두 사람에 대한 역사의 평가는 사뭇 다르다. 조선 후기에 가서는 김상헌이 대쪽 같은 절개의 표상인 애국자로 후세에 알려진 반면, 최명길은 국가를 오랑캐에게 팔아넘긴 매국노로 평가되었다. 그러나 실상 조선을 위기에서 구한 사람은 김상헌이 아니라 최명길이었다. 청에 대해 현실적 자세를 취하면서도 조선의 자존심을 끝내 지킨 이는 바로 최명길이었다.

최명길은 남한산성에 머무는 동안 대부분의 외교 문서를 직접 작성했다. 현실론에 입각해 청에 화의를 청하고 전쟁을 평화롭게 종결시키려는 것이 그의 입장이었으니, 척화파와의 정면 충돌을 필연적으로 야기할 수밖에 없었다.

1632년 1월 18일 최명길과 김상헌 사이의 다툼이 양자의 차이를 극명하게 드러낸다. 최명길이 청 태종에게 보낼 문서를 작성하고 있었는데, 김상헌이 갑자기 나타나 편지를 찢어 버렸다. 선대를 모욕하고 선비의 처신을 버린 것이라며 자신을 비난하는 김상헌에게 최명길은 "대감은 찢었지만 나는 다시 주워야 합니다"라고 응대하고는 찢어진 문서를 다시 이어 붙였다는 일화가 전한다.

항복 이후 최명길과 김상헌은 서로 다른 처신을 보인다. 최명길은 강화 조건에 대한 막후교섭에서 삼학사(三學士, 홍익한, 윤집, 오달제)를 청에 보내는 조건을 넣어 비난을 샀다. 그러나 결사항전을 주장했던 이들을 그대로 두고 청과의 강화는 현실적으로 불가능한 상황이었다. 최명길은 전쟁이 끝나자 명에 외교 문서를 보내 조선이 청과 강화할 수밖에 없었던 사정을 알림으로써 명에 대해서도 외교적인 후속 조치를 취했다.

1637년과 1638년에 청은 조선에 명 공격을 위한 군대 파병을 조선에 요청했다. 최명길은 협상을 위해 목숨을 걸고 직접 청으로 갔다. 그는 명과 군신 관계인 조선의 파병은 불가하다는 논리로 파병을 막아 내는 외교적 성과를 거뒀다. 임진왜란, 정묘호란, 병자호란 등 연속되는 전란으로 피폐해진 조선이 파병까지 했더라면 파국에 이르렀을 지경이었다. 이후 최명길은 명과 비밀리에 유지한 외교 관계가 발각되어 청에게 호출당하는 위기에 몰린다. 조정의 중론은 다른 이에게 책임을 넘기라는 것이었으나 그는 자신이 책임을 지겠다면서 청으로 떠났다.

반면 후세에 충신으로 추앙받는 김상헌은 입으로만 결사항전만 외칠 뿐 현실적인 대책이 전무했다. 그러나 충성과 절개의 명분을 확보한 김상헌의 후손인 안동 김씨 장동파는 후일 정조 사후 순조, 헌종, 철종의 60여 년간 세도정치로 국가 권력을 독점하면서 조선을 몰락으로 이끄는 주역이 된다.

최명길은 전쟁 전에는 실질적인 국가 이익을 모색했고, 전쟁을 마무리하는 과정에서는 국가의 생존을 추구했다. 군사력, 외교 노선 등 현실적인 대책도 없이 명분만을 내세우는 김상헌의 허세가

     격변의 시대, 위기를 지배하라

아니라 엄혹한 상황을 받아들이고 실질적인 생존을 추구한 최명길의 현실론이 국가 패망의 위기에서 조선을 구원했다.

| 강희제 | 리더십의 훼손은 용납하지 않는다

중국 역사에서 청나라 강희제는 최고의 군주 중 하나로 손꼽는다. 그는 재위 기간 61년 동안 이른바 오족협화(五族協和, 만주족, 몽골족, 한족, 티베트족, 위구르족)의 다민족 국가의 기본 틀을 정립했고, 『명사』『강희자전』 등의 편찬으로 사상의 통일을 이룩했으며, 대외 무역항을 외국 선박들에게 개방하고 황하 치수 사업을 벌여 중국의 경제적 번영을 이끌었다. 옹정제, 건륭제로 이어지는 청나라 전성기인 강건성세(康乾盛世)를 향한 첫걸음은 1669년 기득권 세력의 대표 주자인 권신 오보이의 축출로 확립한 왕권이었고 1681년 삼번의 난을 진압하며 국토를 통일하면서 기초를 완성했다.

강희제는 통치를 위한 원칙으로 왕권 확립과 국토 통일을 설정했다. 왕권 확립은 섭정 오보이를 중심으로 뿌리내린 권신 세력의 척결이었고, 국토 통일은 명나라 한족 장수 출신으로 청나라에 복속한 대가로 일종의 자치령인 번(藩)을 설정하고 있던 오삼계(운남), 상지신(광동), 경정충(복건)의 삼번 세력 정복이었다.

강희제의 아버지 순치제는 여섯 살 어린 나이에 황위에 올라, 만주족 팔기 출신의 용맹한 무장인 오보이가 실질적으로 통치했다. 순치제가 23세의 젊은 나이에 사망하면서 강희제는 여덟 살에 황위를 이어받는다. 황제가 되었지만 조정의 전권은 사실상 오보이가 행사했다. 강희제의 권력 기반도 취약했지만 근본적 문제는 만주족이 통치하는 청나라에 대한 한족들의 반감이었다. 명이 패망하고 청이 들어선 지 20년이 지났지만 안정화되기에는 부족한 시간이었고, 특히 권신들의 발호로 인한 부정부패로 국가의 근간이 흔들리는 위기 상황이었다. 중국 남부에서 자치권을 행사하는 무력 집단인 삼번은 민심을 살피면서 호시탐탐 청나라 전복의 기회를 엿보고 있었다.

강희제가 오보이를 축출하기에는 시간이 필요했기에 의도를 숨기고 실력을 길렀다. 1667년 강희제는 14세가 되었다. 친정을 펴기에 충분한 나이였지만 서두르지 않았다. 그는 만주족들의 전통 경기인 씨름 훈련을 명분으로 귀족 자제들을 모아 궁중에서 훈련을 시켰다. 오보이를 비롯한 권신들이 의구심을 품었지만 특별히 반대하기는 어려운 이벤트였다.

강희제는 씨름을 매개체로 귀족 자제들과 교유하면서 서서히 자신의 호위 세력을 구축해 가다가 오보이를 승급시켜 태사에 임명했다. 오보이에 대한 일종의 경고였으나 오보이는 오히려 소년 황제를 우습게 보고 방약무인으로 권력을 휘둘렀다.

1669년 오보이를 축출할 명분을 확보했다고 판단한 강희제는 친정을 선언하고 씨름 훈련으로 육성한 귀족 자제들을 동원해 오보이를 단번에 실각시켰다. 오보이를 처단해 소년 황제의 역량과

 격변의 시대, 위기를 지배하라

엄정함을 보여 주자 만주 귀족들은 자발적으로 복종했다.

강희제는 다음 단계로 삼번의 복속에 나섰다. 조정의 기존 관료들은 대부분 삼번 폐지에 따르는 군사적 위험성과 정치적 부담을 내세워 반대했지만 강희제의 입장은 분명했다. 삼번을 복속시키지 않고서 국가의 안정은 불가능하며 공세의 시기도 1세대가 노쇠한 현 시점이라는 판단이었다. 또한 먼저 공격하기보다 역모를 도모하는 오삼계가 반란을 일으키면 대응하는 방식을 지시했다.

강희제의 예상대로 오삼계는 모반을 일으켰다. 모반의 불길은 거셌다. 호남, 사천, 광서가 오삼계 편에 서자 청나라의 남부 지역 전체가 전란에 휩싸였다. 조정 관료들은 당황했지만 강희제는 분명한 입장을 표명하면서 퇴로를 차단했다. 북경에 인질로 잡혀 있던 오삼계의 아들들을 죽이라는 명령이었다. 청나라 조정이 대내외적으로 모반자들을 용서하지 않겠다는 분명한 의사 표시였다.

강희제는 삼번 중에서 반란을 주도하는 오삼계 군대에게 청나라 군대의 주력을 집중시켰다. 오삼계만 제압하면 나머지는 곧바로 무너질 것으로 예상했다. 삼번의 난은 8년을 끌었지만 1681년 완전히 평정되었다.

위기 상황에서도 흔들림 없이 자신이 정해 놓은 원칙에 충실하고 돌발 상황에 유연히 대처한 강희제는 왕권을 확고히 하고 잠재적 반란 세력을 제거해 청나라 통치를 안정시키고 태평성대를 개막했다.

원칙 없는
돌파는 없다

| 로널드 레이건 | 불법 행위에 단호하게 대처하다

미국 제40대 대통령 로널드 레이건이 취임한 1981년 1월은 국가적 위기의 시기였다. 전임 지미 카터 행정부에서 물려받은 물가상승률 18.3%, 실업률 7.5%라는 최악의 경제 상황과 이란 주재 미국대사관 인질 사태는 쇠퇴하는 미국을 상징했다. 특히 비대한 공공 부문 노조는 무소불위의 정치적 영향력을 발산하면서 국가 운영 자체를 마비시키는 지경이었다.

그는 직접 쓴 취임 연설에서 "지금의 정부는 미국이 안고 있는 문제를 해결할 수단이 아니다, 바로 문제 그 자체"라며 비대하고 비효율적인 공공 부문 개혁에 강력한 의지를 천명했다. 레이건은 영화 배우 시절 연예인조합 대표 출신으로 노조의 속성을 깊이 이해하고 있었다.

당시 연방 공무원의 파업은 법률로 명백히 금지되어 있었지만, 실제로는 우편노조 등 스물두 건의 불법 파업이 사실상 묵인되고 있었다. 공공노조의 권력은 법조차 무력하게 만들고 있었다.

이런 상황에서 연방정부 공무원으로 근무하는 항공관제사 1만 7천여 명이 가입한 항공관제사노조는 1년여 동안의 협상이 결렬되자, 1981년 8월 전면파업을 선언했다. 노조는 주 40시간 근무의

32시간 단축과 임금 인상 40% 이상을 요구했다. 항공관제사들이 전문 인력이며 높은 근무 강도임을 감안해도 무리한 요구라고 레이건은 판단했다.

항공관제사노조도 나름대로의 치밀한 계산이 깔려 있었다. 대통령 선거에서 '노조=민주당 지지'라는 전통을 깨고 공화당인 레이건 후보를 공식 지지해 유리한 입지를 확보한 상황이었다. 또한 휴가철 성수기인 8월에 비행기 운항이 멈추면 국민들의 불만이 폭등할 것으로 예상했고 미국 최대의 산별노조도 지지에 나서면서 연합전선을 구축했다. 레이건이 정면으로 맞서려면 정치 생명을 걸어야 하는 상황이었다. 대다수 국민은 이번에도 불법 파업의 승자는 노조라고 예상했고 노조 또한 승리를 확신했다.

하지만 레이건은 법과 원칙에 따른 대응을 공언했다. 그는 "48시간 내에 복귀하지 않으면 관련 법에 따라 전원 해고할 것이며, 평생 연방정부에 재취업할 수 없을 것"이라고 경고했다. 노조원은 예전과 같이 정치인의 허세로 받아들이고 파업을 계속했다. 레이건은 기한 내에 복귀하지 않은 노조원 1만 1,359명을 8월 5일 일시에 해고했다.

파업에 대비한 비상 계획을 가동하면서 항공기 운항은 평상시의 80% 수준에서 이뤄졌다. 연방정부는 공군 관제사와 은퇴한 관제사들을 대대적으로 동원하고 자가용 비행기 등 불요불급한 운항을 중단했다. 국민은 불법에 대한 단호한 대처를 지지했고 파업은 노조의 참패로 끝났다. 이듬해 10월에는 노조 자격도 잃었다. 평생 재취업 금지 명령은 빌 클린턴 행정부 시절인 1996년에야 폐지되었다. 일부는 복직했지만 수천 명은 재취업 기회를 얻지 못했다.

레이건은 불법을 저지른 자에 대해서는 일체의 관용을 베풀지 않는다는 원칙을 재확인하면서 우유부단하고 나약한 전임 대통령과는 구별되는 강력한 리더십을 확보했고, 미국을 변화의 길로 이끌었다.

| 마거릿 대처 | 치밀하게 준비하고 원칙적으로 대응하다

마거릿 대처는 잡화점 주인의 딸로 태어나 태생적으로 경제 논리를 체득해 철저하게 시장 원리에 따른 경쟁 사회를 지향했다. 그녀는 늘 '일한 만큼 얻는다' '누리는 만큼 지불한다'라는 원칙을 중요시했다.

1979년 영국은 유명한 '불만의 겨울'로 나라 전체가 사실상 무정부 상태에 빠진 중환자였다. 1월에는 대대적 파업으로 전국의 발전소와 공장이 멈추고 병원과 학교가 문을 닫았다. 자동차-운수-병원-청소 등 전 부문에 걸친 파업이 발생했다. 청소부의 파업으로 쓰레기로 가득한 거리에 장례업 노동자들의 파업으로, 시신들까지 방치되는 지경이었다.

3월에는 노동당이 다수당인 의회가 해산되었고 5월에는 총선이 치러져 대처가 수상으로 취임했다. 대처는 '유럽의 병자'로 치부되던 영국을 변화시킨다는 원칙을 천명하고 "웅변은 남에게 맡기고 나는 행동만 하겠다"라고 선언했다. 세금 인하, 공공지출 삭감, 공기업 민영화, 금융 개혁, 불법 노조 활동 규제 등을 주요 정책으로 제시했다.

대처는 영국병을 치유하기 위해서는 강력한 처방이 필요하다고 국민을 설득했다. "근본적 수술 외에 대안은 없다"라고 주장하는 대처에게 '티나(TINA, There is no alternative)'라는 별명까지 붙었다. 대처는 영국병이 '큰 정부' 탓이라고 확신했다. '요람에서 무덤까지'로 상징되는 영국 정부의 복지 정책이 국민의 자립 정신을 빼앗는다고 생각했다. 대처는 '유모(乳母) 국가론'에서 '자조(自助) 국가론'으로 변화해야 회생할 수 있다고 믿었다.

대처는 개혁 대상으로 노조를 지목했다. 1980년대 초반 영국의 노조는 거대 권력이었다. 노조의 파업에 정부는 속수무책이었고, 경제 개혁 정책은 노조에 가로막혀 무산되고 있었다.

당시 아서 스카길이 이끄는 탄광노조는 1974년 총파업으로 국가비상사태를 유발해 내각을 사퇴시킨 무소불위 권력의 정점이었다. 탄광 노동자는 '국영기업체 직원'이었고, 석탄 의존도가 70%가 넘는 영국에서 탄광 파업은 에너지 공급 중단을 의미했다.

대처는 이런 탄광노조에 유화책으로 시간을 벌면서 유사시를 치밀하게 준비했다. 연간 석탄생산량의 절반에 해당하는 물량을 비축하고, 석탄 공급 중단에 대비해 발전소에 석유 병용 설비를 갖추도록 했다. 또한 노조의 특권을 없애는 노동조합법 개정을 네 차례에 나눠 단계적으로 처리했다. 파업을 위한 조합원 투표는 반드시 비밀로 하는 규정을 만들었고, 기업이 비(非)조합원의 고용을 거부하는 행위를 금지했으며, 노조의 불법 행위로 인한 손해는 배상하도록 했다.

대처는 영국병의 근원으로 지목된 석탄 산업 구조조정에 대한 대대적 수술에 나섰다. 1984년 3월 만성적자 상태인 20개 탄광 폐쇄와 2만 명 인력 감축이 주요 내용인 석탄 산업 구조조정 계획을 전격적으로 발표했다.

곧바로 탄광노조가 불법 파업으로 대응하자 대처는 전면전에 나섰다. 1985년 1월 탄광노조의 파업이 절정에 이르렀던 당시, 자유당의 데이비드 스틸 당수는 의회에서 대처를 향해 "영국 의회의 미덕인 합의 정신은 어디로 갔는가"라고 비난했다. 대처는 곧바로 "합의 정치의 이름 아래 국가의 장래를 압력 단체의 이해에 종속시킨 것이 당신들이다, 나는 대결의 정치를 바란다"라고 맞받아쳤다.

1년 이상 격렬한 파업이 이어졌으나, 법 질서 유지라는 원칙을 일관되게 고수한 대처가 최종 승리자가 되었다. 대처는 실업 급여, 실업자 재교육을 활성화하는 한편 종업원지주제, 이윤배분제 등 노동자에 우호적인 제도를 속속 도입했다.

철학 없는
유연성은 파멸로 간다

| BMW | 파산 위기를 드라이빙 철학의 재정립으로 극복하다

BMW는 세계 프리미엄 자동차 시장의 주요 기업이다. 1916년 항공기 엔진 사업으로 설립되어 제1차 세계대전에서 최고 성능의 제품을 생산했다.

독일제국이 제1차 세계대전에서 패전하고 베르사유 조약에서 독일의 항공기 엔진 사업이 금지되면서 트럭, 오토바이, 농기계 및 산업용 엔진으로 사업 방향을 바꿨다.

부품 사업인 엔진에서 최종 제품으로 제품 라인을 확장해 1923년 오토바이, 1929년 자동차를 출시했다. BMW의 상징인 키드니 그릴(Kidney Grille)은 1933년부터 적용하기 시작했다.

아돌프 히틀러가 집권하고 1933년 재무장을 시작하면서 항공기 엔진 사업은 고속으로 성장했다. 1930년대 BMW는 항공기 엔진을 주력 사업으로 오토바이와 자동차를 생산하며 기술을 축적했다. 특히 알루미늄 소재의 경량 고성능 엔진은 후일 BMW 제품과 브랜드의 정체성인 '프리미엄 스포츠 자동차'의 '순수한 운전의 즐거움' 철학의 토대가 되었다.

1945년 독일의 제2차 세계대전 패전은 BMW에도 존립이 불투명한 위기를 불러왔다. 연합군의 폭격으로 주요 공장이 잿더미가

되었고 전쟁 범죄 기업으로 판정되면서 항공기 엔진은 물론 자동차, 오토바이 생산도 금지되었다. 주요 제품 생산이 불가능한 상황에서 금속가공 기술을 활용해 냄비, 프라이팬 등의 주방 기구와 자전거, 공구 등의 생산으로 연명했다.

1948년 오토바이, 자동차의 생산이 허용되어 숨통이 트였으나 사업은 부진했다. 특히 기술적 자부심을 집약해 출시한 고급 세단(BMW 501, 502)은 너무 높은 가격에 판매 저조로 손실이 누적되면서 위기가 찾아왔다. BMW는 1959년 사실상 파산했고 다임러-벤츠(메르세데스)가 BMW 인수에 나섰다.

주주총회에 상정된 매각 안건에 주주들은 독자 생존이 가능하다는 이유로 강력히 반대했다. 반전은 여기서 일어났다. 당시 주주총회에 참석한 다임러-벤츠의 감사 헤르베르트 콴트는 현장 분위기에 깊은 인상을 받았다. 주주와 종업원의 열정과 높은 기술력이 결합되면 독자 생존은 물론 자동차 시장의 주요 기업으로 발전 가능하다고 판단을 내렸다. 콴트는 BMW에 전재산을 투자해 대주주가 되었다. 후일 '1959년 BMW 구출(Rescuc of 1959)'이라 일컬어지는 사건이다.

콴트의 전략은 '합리적 가격에 우수한 품질의 중형차'를 '벤츠보다 젊고 폭스바겐보다 고급을 추구하는 고객'에 판매하는 것이었다. 브랜드 철학을 '순수한 운전의 즐거움(Sheer Driving Pleasure)'으로 설정하고 경쟁사와의 차별화 포인트를 벤츠의 전통과 품격,

　격변의 시대, 위기를 지배하라

아우디의 기술에 대비해 '주행성이 뛰어난 프리미엄 스포츠 세단'
으로 포지셔닝했다.

이러한 변화를 담은 첫 작품은 콴트의 인수 3년 후인 1962년에
출시된 '뉴 클래스(New Class) BMW 1500'이었고, 이 모델은 회사
의 운명을 바꿨다.

가볍고 강력한 엔진, 현대적 섀시, 스포츠 주행감에 힘입어 폭
발적인 판매를 기록했다. BMW의 매출과 영업이익이 수직 상승하
고 재무 구조도 안정되었다. 이 모델은 지금까지 이어지는 BMW
DNA의 원형이 되었다.

BMW의 회생은 대주주 콴트가 재정립한 BMW 철학이 원동력
이었다. 그는 '선도적 기술, 합리적 가격, 스포츠 드라이빙'이라는
개념과 BMW의 전통을 접목시켰다.

회사의 운명을 걸고 BMW 1500을 개발하는 과정에서 디자인
팀은 전통적인 '키드니 그릴'을 당시 유행하던 격자 모양으로 대체
하자고 제안했다. 콴트는 BMW의 아이콘은 반드시 유지해야 한다
고 지시했다. 결과적으로 키드니 그릴은 현재 모든 차종에서 BMW
DNA를 나타내는 아이콘이 되었다.

1959년 파산 위기에 몰렸던 BMW의 회생과 도약은 콴트가 재
정립한 확고한 철학을 '순수한 운전의 즐거움'의 개념으로 제품에
구현해 성공한 덕분이다.

| 무인양품 | 초심으로 정체성을 재확립하다

무인양품은 미니멀리즘 디자인에 실용성을 담은 생활용품으로 글로벌 브랜드로 성장했다. 초기에 확립한 정체성으로 성공을 거뒀으나, 아이러니하게 규모가 커지면서 제품 라인의 과도한 확장으로 브랜드 정체성이 희석되고 경영이 악화되었다. 이러한 위기 상황에서 초심으로 돌아가 브랜드 정체성을 재확립하는 방식으로 회복하고 해외시장 진출에도 성공해 글로벌 브랜드로 도약했다.

무인양품은 1980년 일본 유통 대기업 세이유의 PB(Private Brand, 자체 상표)팀으로 시작되었다. 당시 일본은 제2차 세계대전 이후 최대 최장의 호황이 지속되어 높은 가격의 고급품이라면 이유 불문하고 잘 팔리던 시기였다.

세이유는 이러한 시대적 상황과는 반대로 "저렴하지만 좋다(良品低價)"라는 개념으로 상표(브랜드)를 제거하고 본질만 남긴 단순한 미니멀리즘의 상품을 출시했다.

초기의 40여 개 품목은 양말, 공책, 커피, 과자 등 기초 생활용품이었고 모든 품목은 소재를 최대한 그대로 사용해 간결한 공정으로 생산하고 최소한의 포장으로 마무리한다는 원칙에 따랐다. 무인양품(無印良品)은 '브랜드가 없는 좋은 상품'이라는 의미이고 MUJI는 무인의 일본어 발음이다.

세이유 내부 PB 브랜드로 시작 5년 후 사업성을 확인하고 1985년 독립회사로 분사했다. 제품 라인도 의류, 가구, 주방용품 등으로 확장했다.

1990년대 일본의 불황이 시작되자 무인양품은 급속하게 성장했다. 가격에 민감하지만 싸구려 제품은 기피하는 소비자들은 높은 품질, 합리적 가격의 무인양품을 찾았다.

일본에서의 성공을 바탕으로 해외에도 적극적으로 진출했다. 1991년 영국 런던에 최초로 해외 매장을 개설했고 독일, 프랑스와 아시아의 대만, 싱가포르 등지에도 진출했다.

그러나 급속한 외형 확대에 따른 심각한 위기가 찾아왔다. 2001년 적자를 기록했고 판매 부진에 재고 증가라는 악순환에 빠져들었다. 이 시점에서 구원투수로 마쓰이 타다미츠가 투입되었다. 그는 무인양품 위기의 근본 원인을 '과도한 제품 라인업 확장에 따른 브랜드 정체성 희석, 비효율적 공급망에 따른 가격 경쟁력 약화'로 진단하고 대대적인 재편에 나섰다. 재편의 핵심은 '초심으로 돌아가 정체성을 재확립하고 최신 경영기법을 접목해 효율성을 높인다'였다.

최우선 과제는 'MUJI다움(無印らしさ)'의 회복이었다. '깨끗함, 여백, 절제, 자연 소재, 기능적 디자인'이라는 미니멀리즘에 기반해 군더더기를 없애고 기본에 충실하도록 제품의 소재-디자인-생산-판매 구조를 모두 재편했다. 상품 숫자도 과감히 축소하고 공급망을 재편해 비용 구조를 개선했다.

무인양품은 정체성을 회복하고 경영 시스템을 개선해 2년 만에 혹자로 전환했다. 당시 마쓰이는 "MUJI는 감성 브랜드가 아니라 경영 시스템 브랜드"라고 정의했다.

2000년대 중반부터 무인양품은 다시 글로벌 브랜드로 도약했다. 미국-유럽 사업을 확대했고 중국-홍콩-대만 시장이 급성장했으며 우리나라에도 진출해 좋은 성과를 얻었다.

현재 무인양품은 일본 미니멀리즘의 아이콘으로 인식되면서 이케아, 애플과 함께 심플 디자인(Simple Design) 3대 브랜드로 인식되고 있다.

원칙 훼손은 공동체를 파멸시킨다

사람이 모여 만든 조직에서 크고 작은 갈등은 불가피하다. 조직이 커질수록 구성원의 세계관, 관점, 이해관계의 스펙트럼은 넓어지게 마련이다.

갈등을 해결하는 방법은 결국 힘 또는 타협이다. 힘을 사용하지 않고 대화와 타협으로 해결할 수 있으면 좋겠지만, 타협이 능사가 아니라는 점을 분명히 해야 한다. 비합리적이고 극단적인 주장을 하는 집단과 대화하고 타협한다는 것은 자칫 조직이 존립할 수 있는 근본 원칙을 훼손해 더욱 큰 문제를 잉태하기 때문이다.

마키아벨리가 타협을 비생산적이라는 이유로 경계한 것도 이런 점에서였다. 타협은 서로 한 걸음씩 양보하면서 모든 참가자가 어느 정도 불만을 품는 결과로 끝나기 쉽다.

상대방을 인정하는 대화와 타협의 정신은 존중되어야 하지만, 매사를 대화와 타협으로 풀어야 한다는 발상은 지나치게 순진하거나 교활한 약자가 상대방을 속이려는 위장인 경우가 많다. 공동체의 미래를 위한 원칙에 입각해 있다면 힘에 의한 갈등 해결 방법에 의존해야 할 때는 단호히 그렇게 해야 한다.

한 번 무너진 원칙은 이미 원칙이 아니다. 당장의 어려움을 모면하고자 원칙을 훼손하면 다음에는 더욱 큰 대가를 치를 수 있다. 책임감 있는 리더라면 당장의 어려움을 모면하고자 공동체의 미래를 위한 기본 원칙을 포기하지 않을 것이다.

저급한 리더의 특징은 원칙 없이 임기응변에만 능하다는 점이다. 이들은 상황에 따른 작은 이익은 챙기지만, 조직을 장기적으로 번영시키는 큰 이익은 놓친다. 당장의 연명을 위해 조직의 생명을 단축시키는 것이다.

원칙은 화려한 언변이나 허영으로 지키는 것이 아니다. 치밀한 전략, 불굴의 용기, 강제할 수 있는 힘이 있어야 지킬 수 있다. 특히 어려운 시기일수록 원칙을 지키고 관철해 나가는 용기 있는 리더만이 위기를 극복하고 조직을 장기적으로 이끌 수 있다.

6장

내부의 균열을
방치하지 마라

외부보다 위험한 것은
내부의 분열

위기가 닥칠수록 단결해야 강한 조직이다. 평화 시에는 적당히 시끄러워야 변화를 따라갈 수 있다. 형편없는 조직일수록 평화 시에 단결하고 위기 앞에 분열한다. 용렬한 리더가 이끄는 조직의 특징이 바로 이것이다. 역사적으로 번영했던 국가는 위기를 맞아 더욱 단결해 강해졌다는 특징이 있다.

이처럼 조직이 위기를 탈출하는 1차 명제는 일치단결이다. '뭉치면 살고 흩어지면 죽는다'라는 단순하지만 강력한 명제다.

조직이 위기를 맞으면 리더는 우선 조직을 추스르고 단결시키는 데 집중한다. 에너지를 한곳에 집중해 생존을 모색하는 상황에서 조직력을 극대화하는 것이 무엇보다 중요하기 때문이다. 그러나 상황은 그렇게 간단하지 않다. 위기 상황을 이용해 개인이나 집단의 이익을 취하려는 시도가 조직에 존재할 수 있다. 심지어 조직 내 불만 세력이 외부의 적과 은밀히 내통해 공동체를 위협하는 경우도 일어난다. 이러한 내부 분열 요소를 초기에 확실히 제거해야만 위기 극복을 위한 추진력을 확실히 확보할 수 있다.

역사적으로도 승패는 외침보다 내분에서 판가름 나는 경우가 많았다. 신라가 삼국을 통일할 수 있었던 요인도 근본적으로는 백제와 고구려의 지도층 내분 덕분이었다.

큰 어려움도 내부가 단합되어 있으면 타개할 수 있지만, 내분은 사소한 문제일지라도 조직을 파멸시킬 수 있다. 내분은 외침보다 항상 파괴적이다. 위기 시에는 더욱 그렇다.

균열은
초기에 제거해야 한다

| 영양왕, 연개소문 | 뭉치면 살고 흩어지면 망한다

기원전 221년에 중국을 최초로 통일한 진(秦)나라가 15년 만에 멸망하고 이어진 한(漢)나라는 220년까지 400여 년을 존속했다. 한나라 이후 중국은 조조의 위(魏), 유비의 촉(蜀), 손권의 오(吳)로 분열된 삼국시대을 거쳐 280년 사마염의 진(晉)이 재통일했다. 36년 후 내분으로 진나라가 패망하고 이후 오호십육국, 남북조의 300년

분열 시대가 지속되었다.

수(隋)나라가 589년 중국을 통일하면서 동북아의 국제 정세가 급변했다. 통일 왕조 수나라는 명실상부한 패권국의 지위를 확보하고자 동북아 지역으로 세력 확장을 의도했기 때문이다. 만주와 한반도 북부에 위치하던 고구려에 안보 위기가 찾아왔다.

고구려의 영양왕은 수나라 통일 직후 축하 사절을 보냈는데 실제 목적은 수나라 내부 정세 파악이었다. 급기야 수문제는 고구려에 도발적 국서를 보내 왔다. "왕이 남의 신하가 되었으면 짐과 같이 덕을 베풀어야 옳건만, 말갈과 거란을 괴롭힌다."

영양왕은 수나라가 전열을 정비하기 전인 598년 직접 지휘하는 말갈 병력 1만 명으로 변경 지역인 요서 지방에 선제 공격을 실시한다. 격분한 수문제는 즉각 30만 명의 대규모 원정군을 구성해 고구려를 침공하지만, 장마철 기상 악화와 작전 차질로 대패한다. 이후 간헐적 충돌이 이어졌으나 수문제가 사망하는 604년까지 10여 년간 비교적 안정 상태를 유지했다. 영양왕의 선제 공격으로 예봉을 꺾는 전략이 성공한 셈이었다.

604년 즉위한 수양제는 고구려 정벌을 재추진한다. 100만 대군을 동원해 612년부터 3년간 매년 침공했으나 고구려의 방어에 막히면서 을지문덕의 살수대첩으로 대패하고, 그 여파로 4년 후에 수나라도 패망하고 만다.

수나라 이후에 들어선 당(唐)나라의 태종은 직접 군대를 이끌고

645년 고구려를 침략했다. 그러나 고구려는 총사령관 연개소문이 효과적으로 방어 작전을 펼쳤고 결정적으로 안시성에서 패배하면서 퇴각했다.

군사적으로 한계에 부딪힌 당나라는 외교-군사 병행 전략으로 전환했다. 신라와 연합해 660년에 백제를 멸망시켜 고구려를 외교적으로 고립시키고 결정적 순간을 노렸다. 기회는 고구려의 실권자 연개소문이 665년에 사망하면서 만들어졌다.

고구려 명문가 출신의 연개소문은 대(對) 당나라 강경파였다. 영양왕에 이어 즉위한 영류왕이 펼친 대당 유화책에 반기를 들고 642년에 정변을 일으켰다. 영류왕을 비롯한 반대 세력을 모두 처단하고 보장왕을 옹립해 대막리지의 최고 관직에 올라 실질적 통치자가 되었다. 연개소문 집권기 20여 년 동안에는 당나라의 침략을 모두 막아냈지만, 그가 세상을 떠나면서 권력 승계가 불안해지며 곧바로 고구려 내부 분열이 시작되었다.

연개소문에게는 남생, 남건, 남산 세 명의 아들이 있었고, 장남인 남생이 부친의 지위를 물려받았지만 권력 기반은 취약했다. 일종의 권력 공백이 생겨 나자 집권 귀족들이 각자의 이해관계에 따라 이합집산하는 상황에서 666년에 2남 남건-3남 남산이 연합해 1남 남생을 축출하는 정변을 일으켜 성공시켰다.

남생은 당나라에 투항해 당나라가 고구려를 침공하면 직접 길잡이가 되겠다는 입장까지 밝혔다. 당나라가 고구려로 진격해 일부 영토를 장악하면서 고구려 귀족들의 당나라 투항이 줄을 이었고 고구려의 방어 체계는 사실상 붕괴되었다.

1년 전 고구려 정부와 군대의 최고위직이 투항해 극비 군사기밀을 털어놓고 적극적으로 군대 지휘관들을 항복시키는 상황이었다. 기선을 제압한 당나라는 고구려 남쪽 신라와의 연합 작전으로 고구려를 협공했고 수도 평양을 함락시키면서 668년 고구려는 패망하고 말았다.

고구려는 연개소문이 사망하고 불과 3년 후 패망했다. 동북아 군사 강국 고구려는 패망 50여 년 전 수나라의 대대적 공격을 모두 막아 내고, 20여 년 전에 당나라도 물리쳤다. 그러나 내분은 순식간에 고구려의 비극적 운명을 결정지었다.

연개소문 사망 후 세 명의 아들이 벌인 권력 투쟁으로 지배 구조의 심각한 균열이 시작되었고, 소위 최고 권력자가 적국의 앞잡이가 되면서 희망은 사라졌다.

역사적으로 외침으로 멸망한 경우는 의외로 많지 않다. 대부분 외침이 계기가 되지만, 실제로는 내분으로 인한 분열이 근본적 원인이다. 오히려 약자가 외침을 물리치고 강자로 도약하는 경우도 드물지 않다. 고구려의 교훈은 '뭉치면 살고 흩어지면 죽는다'라는 속담에 압축되어 있다.

| 조지 마셜 | 오합지졸을 정병강군으로 개혁하다

조지 마셜은 '마셜 플랜'의 창안자로 널리 알려져 있다. 마셜 플랜이란 제2차 세계대전이 끝난 후 파탄 상태에 빠진 유럽 경제를 지원하기 위한 미국의 대대적인 경제 원조 계획으로 국무장관 조지 마셜이 주도했다.

미국은 4년 동안 120억 달러의 경제 원조를 제공했고, 그 결과 유럽은 신속하게 전쟁 피해를 복구하고 경제 부흥에 성공했다. 국무장관 이전에 군인이었던 마셜은 제2차 세계대전 이전 오합지졸(烏合之卒)의 약체였던 미군을 정병강군(精兵强軍)의 대규모 군대로 단기간에 재편해 전쟁 승리의 초석을 놓았다.

1939년 9월 1일 독일군이 폴란드를 침공하자 미국 대통령 프랭클린 D. 루스벨트는 다음 날 조지 마셜을 육군 참모총장으로 임명했다.

마셜의 최우선 과제는 군대 개혁이었다. 당시 미 육군은 소수 병력에 훈련도 부족하고 무기도 빈약했다. 미 육군 병사는 17만 5천 명으로 독일군의 30분의 1에 지나지 않았다. 제2차 세계대전에 참여하게 될 것이 거의 확실한 상황이라 전쟁을 수행하기 위해서는 대대적인 재편이 필수적이었지만 시간도 촉박했다.

마셜은 단시간에 군대를 개혁해 전쟁에 투입하는 수준이 되기 위해 가장 시급한 과제는 '인사'라고 결론을 내렸다. 당시 미 육군 지휘부는 제1차 세계대전의 전투 경험에서 벗어나지 못한 노쇠한

세대였다. 참호와 기관총을 주축으로 구축한 전선 개념에 수송과 보급은 철도 차량을 중심으로 진행하는 과거의 작전 개념에 매몰되어 있었다. 20세기 초반의 자동차, 항공기 기술의 발달로 보병, 포병, 기갑, 항공기를 결합한 기동전 형태의 새로운 전쟁 방식에 대한 이해가 부족했다.

이는 제1차 세계대전 이후 미 육군의 인사가 극도로 정체되어 세대 교체가 전혀 진행되지 못했기 때문이었다. 장군들이 계급 정년으로 제대해야 영관급들이 진급하는 구조가 20여 년 지속되면서 고착화된 문제였다.

새로운 시대의 새로운 방식은 기존 지휘부의 반감이 뿌리 깊었다. 보병 중심에 기병-포병을 결합하는 자신들의 방식과 달랐기에 기동전 개념의 수용은 입지를 약화시켰기 때문이었다.

마셜은 구세대-신세대 장교들 간의 불필요한 갈등을 조기에 없애고 군대 증강의 목표를 효과적으로 추진하기 위한 요체는 인사를 통한 세대 교체라고 판단했다.

그는 먼저 의회에 진급 제도 개정안을 제안해 통과시켰다. 법안의 핵심 내용은 "전시나 국가 유사시에 정규군 장교들은 자신의 영구 보직을 포기하지 않은 채 상위 계급으로 임시 진급할 수 있다"라고 명시된 부분이었다. 마셜이 역량 있는 젊은 장교들을 임시 계급 형태로 상위 계급을 부여해 고위직으로 임명하는 권한을 확보한다는 의미였다.

의회 승인 후 마셜은 군 지휘부의 대대적인 세대 교체에 착수해 드와이트 아이젠하워, 오마 브래들리, 로턴 콜린스 등을 발탁해 중책을 맡겼다.

후일 아이젠하워는 연합군 총사령관을 거쳐 미국 대통령이 되었고, 브래들리는 합참의장을 거쳐 미군의 마지막 5성 장군이 되었으며, 콜린스는 한국전쟁 중 육군 참모총장으로 활약했다.

압권은 아이젠하워였다. 마셜이 참모총장에 취임했을 시점에 아이젠하워는 만년 대령이었다. 전략기획 분야에서 역량은 인정받았지만 당시 소규모 군대에서 장군 진급 자리가 극소수였고, 제1차 세계대전에서 실전 경험이 없다는 약점이 항상 발목을 잡았다.

1941년 12월 일본의 진주만 공격 직후 마셜은 아이젠하워 대령에게 전쟁 수행 보고서를 제출하라고 지시했고, 아이젠하워는 신속하게 전쟁 수행 전략, 지휘 체계, 물자 배분 등에 대한 완벽한 계획을 입안했다.

아이젠하워의 탁월한 역량을 인정한 마셜은 곧바로 그를 준장으로 진급시키고 전략계획국장의 중책을 맡겼다. 아이젠하워는 그 후 초고속 진급으로 1943년 2월 대장이 되었고 연합군 총사령관의 중책을 맡아 노르망디 상륙작전을 성공시키고 나치 독일에 대한 승리의 주역이 되었다.

마셜의 리더십은 대령이던 아이젠하워를 준장으로 진급시키고 전쟁기획실의 책임자로 임명한 시절에 여실히 나타난다. 마셜은 아이젠하워를 중심으로 단순하고 명확한 지휘 체계를 구축한 후 그에게 같은 방식으로 그의 하위 참모들의 지휘 체계를 구성하라고 지시했다.

조직이 정비되자 전쟁 기획 관련 모든 실무를 아이젠하워가 중심이 되어 진행하도록 했다. 다른 인물들도 동일한 방식으로 임명하고 지휘 체계를 정비해 소수의 역량 있는 핵심 인력이 신속하게 업무를 처리하는 시스템을 만들었다.

마셜은 신속한 군대 개혁의 과제를 수행하고자 모든 것을 개혁하는 대신 핵심 포지션에 역량 있는 인력을 배치해 신속하게 조직을 장악하고 변화를 이끌었다. 마셜은 핵심 인력에게 권한을 위임해 자신의 역량을 최대한 발휘해 책임지고 소신껏 업무를 수행하는 환경을 조성했다.

소위 벼락 출세한 아이젠하워에게 특히 구세대 지휘관들이 노골적으로 의구심을 나타냈지만, 마셜은 시종일관 아이젠하워를 믿고 지지했다. 마셜의 신속한 세대 교체는 아이젠하워를 비롯한 미군의 유능한 장군들이 충분히 역량을 발휘해 전쟁을 승리로 이끄는 바탕이 되었다. 독일이 항복한 후 아이젠하워는 마셜에게 다음과 같은 편지를 써 그의 리더십에 존경을 표한다.

내 가장 강력한 무기는 당신이 내 판단을 신뢰한다는 확신입니다.

마셜은 자신의 인사 원칙에 대해 "나는 능력이 부족한 사람이 높은 지위를 차지하는 모습을 보면 참을 수가 없다"라고 말했다. 그는 부하의 능력을 정확히 파악해 권한을 대폭 위임함으로써 위기에 빠진 미군 조직을 개혁하는 역사적 사명을 완수할 수 있었다.

마셜이 육군 참모총장으로 재직하는 동안 미 육군은 17만 5천 명에서 830만 명으로 증강되었고, 12만 9천 대의 항공기와 250만 대의 차량을 보유한 세계 최강의 육군으로 변모했다. 영국 수상 윈스턴 처칠은 마셜을 승리의 설계자라고 평가했으며, 미국 대통령 해리 트루먼은 동시대의 가장 중요한 인물로 그를 들었다. 1953년 군인인 마셜에게 노벨 평화상이 수여되었다.

위기 대응력은 내부 단속에서 나온다

| 켈로그 | 창업기 분열과 혼란을 수습하고 아이콘이 되다

시리얼은 전 세계에서 소비되는 아침 식사 대용식이다. 가공된 곡물에 우유 등을 첨가하는 간편식이다. 시리얼의 본래 의미는 곡물(cereals)이다. 다양한 곡물을 유제품과 섞어 먹는 형태의 식사는 세계 각지에서 있었지만, 오늘날 우리가 먹는 형태의 간편식 시리얼은 19세기부터 유럽에서 상품화되고 미국에서 본격적인 산업으로

발전하기 시작했다.

켈로그는 1906년 출시한 콘플레이크를 대표 상품으로 전 세계 시리얼 시장의 절반 정도를 점유하는 글로벌 기업이다. 1894년 켈로그 형제가 환자용 요양식으로 개발했으나 이후 사업 방향과 관련한 갈등이 생겼다. 형은 환자용이라는 제한된 방향성을 주장했고 동생은 대중 소비 제품으로서의 가능성을 크게 봤다.

갈등이 지속되자 동생은 독자적으로 사업을 전개했고 이는 도약의 전환점이 되었다. 켈로그는 20세기 전반부 미국의 산업화와 도시화, 간편식 수요의 증가라는 환경 변화에 탁월한 마케팅이 결합되어 거대 기업으로 성장했다.

존 하비 켈로그는 1876년 미국 미시간주 배틀크리크에 병원-요양원을 설립했다. 존은 의사-영양학자로서 채식과 운동을 통한 건강 회복을 목표로 다양한 프로그램을 시도했다. 시리얼은 1894년 우연한 계기로 발명되었다.

동생인 윌 키스 켈로그가 너무 오래 숙성된 곡물 반죽을 버리기 아까워 롤러에 넣고 밀었는데 여기서 발생한 부스러기를 구워 봤다. 환자들에게 먹였더니 맛과 식감에서 호평 일색이었다. 환자와 방문객들을 통해 입소문이 나면서 시리얼은 요양원을 상징하는 식단이 되었고 통신 판매가 시작되었다.

이 지점에서 창업자 형제 간 갈등이 시작되었다. 형은 환자용 요양식 용도만을 고집했고 동생은 대중 판매용 소비 제품으로 성장시켜야 한다는 입장이었다. 매출이 증가했지만 두 사람 간 의견이 좁혀지지 않던 시점에서 의외의 사건이 일어났다.

형제가 운영하는 배틀크리크 요양원에 입원했던 찰스 윌리엄 포스트가 시리얼을 접하고 사업적 잠재력을 발견했다. 퇴원 후 포스트는 1897년 켈로그 시리얼을 모방한 '포스트' 시리얼을 출시했다. 간편한 건강식에 시제품을 증정하는 등 적극적 마케팅으로 사업은 급성장했다.

켈로그 측에서는 포스트가 자신들의 제품을 모방했다고 비판했지만, 별다른 영향은 없었다. 모방 제품 포스트가 성공하고 시장을 주도하면서 켈로그 형제의 갈등은 더욱 심해졌다. 형의 입장이 요지부동이자 동생은 1906년 별도 독립회사를 만들어 독자적으로 사업을 시작했다.

대중 소비 시장 진출은 10년이 늦었지만 동생 켈로그의 마케팅 능력으로 포스트를 급속히 추격했다. 우수한 품질의 엄선된 원료 사용을 강조하고 포장지에 켈로그의 서명을 인쇄해 신뢰성을 높였다. 당시 소비자들이 선호하는 설탕을 첨가해 수요 기반을 확대했다. 뉴욕 중심지인 타임 스퀘어에 광고판을 내걸었고 대대적으로 라디오 광고를 실시했다. 미국의 철도 보급과 도시 확장으로 전국적 유통망을 구축하면서 매출이 기록적으로 증가했고, 제1차 세계대전이 발발하자 군수-보급용 식량으로 각광받았다.

켈로그 형제는 창업한 요양원에서 시리얼을 개발했지만 사업 방향에 대한 의견 차이로 사업은 방향을 잃은 상태에서 갈등으로 10여 년을 답보 상태로 흘려보냈다. 그러나 포스트라는 모방 제품의 돌발적 출현은 형제의 입장을 분명히 하는 전화위복의 계기가 되었다. 동생이 전격적으로 독립해 사업을 시작하고 성공 가도를 달렸기 때문이다.

| 메타 | 창업자 간 초기 갈등에 단호한 대처로 도약하다

미국기업 페이스북, 변경된 기업명 메타는 2004년 대학생 대상 SNS로 서비스를 시작했다. 대학생들 간 정보 교류를 목적으로 태동해, 현재 전 세계에서 가장 영향력 있는 소셜 미디어 플랫폼 중 하나로 성장했다. 초기 창업자 간에 사업 방향성을 둘러싼 갈등으로 위기에 봉착했으나, 과감한 결단으로 분쟁을 정리하고 글로벌 기업으로 도약하는 기반을 마련했다.

2004년 2월 4일 미국 하버드 대학 기숙사에서 대학생 커뮤니티 사이트로 서비스를 시작했고 마크 저커버그, 더스틴 모스코비츠, 에두아르두 사베린, 크리스 휴즈, 앤드류 맥컬럼의 다섯 명이 공동으로 창업했다.

학생 간 SNS는 큰 인기를 모으며 미국 대학 전체로 확산되었고 2006년 일반인에게도 개방되었다. 창업자 중에서 마크 저커버그는 서비스 기획과 프로그래밍을 담당했고 에두아르두 사베린은 재정 책임을 맡았다. 사업이 급성장하면서 두 사람 간에 향후 사업 방향성에 대한 견해 차이가 커지기 시작했다.

저커버그는 성장을 우선해 사용자수 증가와 제품 개선에 집중하자는 입장인 반면, 사베린은 안정을 우선해 광고 영업에 집중하면서 현금 흐름을 만들어야 한다는 주장이었다. 외부 투자 유치에서도 저커버그는 적극적이었지만 사베린은 부정적이었다. 저커버그는 실리콘 밸리에서 IT 기술자들과 일하는 반면 사베린은 뉴욕에서 광고 영업을 담당했기에 물리적 거리라는 장벽도 생겨 나 두 사람 간의 갈등은 심화되었다.

이러한 문제는 2006년 외부 투자자들이 구체적인 투자 의사를 표명하면서 방치하기 어려운 상황이 되었다. 자금 유입을 통한 고속 성장과 내부 현금 흐름을 통한 안정 중에서 선택해야 했다.

저커버그는 사베린을 축출하고 전략 방향을 명확히 해야 페이스북의 미래가 있다고 판단했다. 2006년 사베린을 경영에서 배제시키고 지분도 희석시켜 내부 분열 요소를 없애버렸다. 사베린도 창업자로서의 권리와 보유 지분에 따른 의결권을 주장하며 법률적 소송을 제기했다. 그러나 저커버그는 법률적 대응과 투자 유치를 병행하는 투트랙 전략을 추진했고, 2007년 기업 가치 150억 달러로 평가해 마이크로소프트로부터 2억 4천만 달러의 투자를 유치했다. 2008년에는 셰릴 샌드버그를 최고운영책임자(COO)로 영입해 재무관리를 포함한 사업 운영 전반을 총괄하도록 했다.

사베린과의 법적 분쟁은 2009년 비공개 합의로 종료되었다. 사

 격변의 시대, 위기를 지배하라

베린은 공식적으로 공동 창업자 지위로 인정받았고, 기존 보유 지분의 가치 상승으로 억만장자가 되어 명분과 실리를 모두 챙겼다.

2000년대 초반은 인터넷 서비스 기업들의 창업이 활발하고 고속으로 성장하면서 시장이 형성되던 초창기였다. 미국에서 SNS는 친구 찾기로 시작한 클래스메이트닷컴과 프렌드스터 등이 약진하는 가운데 2004년에 출범한 마이스페이스가 시장을 평정하고 있었다. 마이스페이스는 유명 가수와 팬을 연결하는 단순한 착상에서 출발했다. 여타 서비스들이 친구, 동창 등 이미 알고 지내던 지인들을 연결하는 방식이었지만, 마이스페이스는 모르는 사람들을 서로 연결해 준다는 점에서 폭발적 인기를 끌었고 출범 1년 만에 '미디어의 제왕'이라는 루퍼트 머독의 뉴스코퍼레이션에 인수되었다. 선점 효과와 풍부한 자금력으로 마이스페이스는 독보적인 시장 지배자로서 경쟁 업체들에는 난공불락이었다.

그런데 불과 4년만인 2008년에 페이스북이 1위 자리로 올라섰다. 만약 이 시기에 저커버그가 단호하게 결단을 내리지 못하고 우왕좌왕했으면 마이스페이스의 독주를 막을 수 없었을 것이다. 페이스북의 저커버그는 사업적으로 결정적 순간에 창업자를 축출하는 단호한 결단으로 기업 발전의 전환점을 마련했다.

분열을 키우는 관용은 치명적이다

조직은 한 방향으로 가는 게 중요하다. 가야 할 방향을 잡고자 다양하게 논의하는 것은 생산적이지만, 결정된 방향을 두고 논란을 지속하며 분열이 계속된다면 조직은 에너지를 발휘할 수 없다. 특히 조직 내에서 개인의 이익을 위해 분란을 일으키는 사람들을 조기에 정리하지 못하면 리더의 노력은 물거품이 될 수밖에 없다.

어려운 상황을 타개해야 하는 리더에겐 조직을 단결시키는 것이 최우선 과제다. 이를 위해 비전을 제시하고, 신념을 공유하고, 인센티브를 약속하는 등 다양한 노력을 기울여야 한다. 조직 전체의 에너지를 끌어 내고자 꼭 필요한 조치들이다. 그러나 조직 내부에 분열 요소를 그대로 둔다면 이러한 노력은 의미가 없다. 리더가 진심으로 하는 말도 이들에 의해 왜곡되어 조직을 불안정하게 만든다. 조직의 빈틈을 비집고 들어와 조직 자체를 흔드는 경우도 생긴다.

위기에 처한 조직의 리더는 내부 분열 요소를 신속히 제거해야 한다. 반대자를 제거해 분란의 소지를 없애고, 조직 내에 분명한 메시지를 전달해야 한다. 특히 분열을 조장하는 자에게 관용을 베풀어서는 안 된다. 한 번 배신한 사람은 언제든 다시 배신할 수 있다. 당장의 어려움 때문에 내부 분열 요소에 관대하게 대처하는 것은 결국 리더를 파멸시키고 조직의 몰락을 불러온다.

전통 경제학에서는 인간을 합리적인 존재로 가정하고 현실 세계에서 일어나는 비합리성은 정보와 지식의 부족으로 간주했다. 그런데 최근의 경제학에서는 인간을 합리적이라고 보는 전제에 문제를 제기하는 흐름이 형성되고 있다. 인간은 비합리적이고 심리적 요인으로 많은 의사결정을 한다는 주장이다. 조직을 이끌어 가는 리더의 관점에서 인간의 감정과 비합리성은 활용하기 나름이다. 합리적 차원에서 불가능한 일도 조직원의 심리를 활용하면 가능하게 할 수 있다.

2부

위기 속에서 판을 뒤집는 전략의 기술

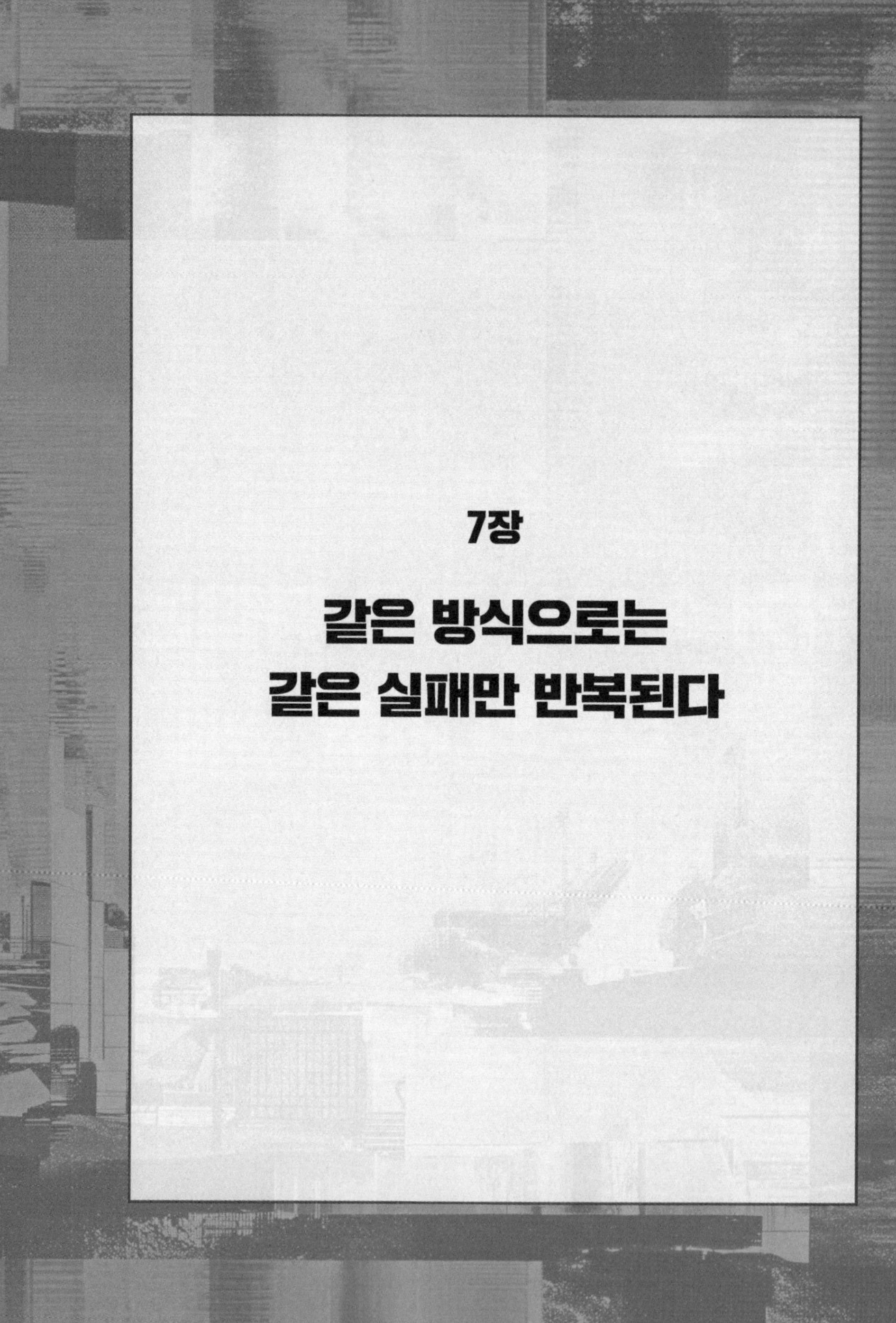

7장

같은 방식으로는
같은 실패만 반복된다

승리는
반복되지 않는다

주식시장에서 등락은 일상적인 것이다. 그러나 등락의 양상은 항상 다르게 나타난다. 예기치 않은 시기에, 예기치 못한 테마가 지배하고 상승과 하락을 유발한다. 따라서 한 번 사용해 성공한 방법이 계속 통할 거라고 생각하면 오산이다. 상황은 끊임없이 변한다. 이는 비단 주식시장에 한정되지 않는다. 기업의 사업, 군인의 전쟁, 국가의 정치 외교에도 마찬가지로 적용된다.

기업의 위기도 항상 다른 모습으로 찾아온다. 신규 사업 실패, 시장 상실, 경쟁자 기술 개발, 내부 반목, 리더십 위기 등 다양한 요인들이 복합되어 나타난다. 이러한 상황에 대처하는 공식은 없다. 과거에 했던 방식을 그대로 적용한다고 성공하리라는 보장도 없다.

이때 필요한 것은 상황에 맞게 대안을 도출하는 유연성과 전체적인 판을 바꿔 승부를 거는 전략적 사고다. 눈앞에 있는 현실을 타개할 수 있는 넓은 시야로 상황의 본질을 이해하고 대안을 모색해야 근본적인 해결책이 나온다.

손자는 『손자병법』에서 "승리는 똑같은 방법으로 반복되지 않는다"라고 했다. 세상의 모든 사물은 흐르는 물처럼 끊임없이 변하고, 장수는 실전에서도 물 흐르듯 상황에 유연하게 적응하면서 적절한 방법론을 구사해야 한다는 뜻이다.

틀을 깨야 출구가 보인다

| 스키피오 아프리카누스 | 배후를 쳐서 전쟁의 판을 바꾸다

고대 로마는 기원전 753년 이탈리아반도 중부의 촌락으로 건국되었다. 이후 세력을 넓혀 기원전 3세기에 이탈리아반도를 석권하고 지중해로 진출한다.

당시 지중해의 재해권은 현재 레바논 근방에서 발원한 페니키아 민족이 기원전 8세기 북아프리카에 세운 카르타고가 장악하고 있었다. 카르타고는 지중해 지역의 통상 교역이 주업이었다. 로마가 지중해로 진출함에 있어 카르타고와의 전쟁은 필연적이었다.

1차전의 무대는 카르타고의 식민지였던 시칠리아섬이었다. 기

원전 264년 두 나라는 시칠리아 지배권을 놓고 제1차 포에니전쟁을 벌였다. 23년간 계속된 전쟁에서 이긴 로마는 시칠리아의 절반을 차지했다.

제1차 포에니전쟁이 탐색전이라면 제2차 포에니전쟁은 본 게임이었다. 카르타고 장군 한니발 바르카는 카르타고의 식민지였던 스페인에서 군대를 편성해 오늘날 프랑스인 갈리아를 횡단하고, 이동 중에 갈리아 출신 보조병을 모집해 총 5만 명의 보병과 9천 명의 기병, 80마리의 코끼리까지 끌고 알프스산맥을 넘어 이탈리아 본토로 쳐들어왔다. 로마도 7만 8천 명의 군대로 이탈리아 남부 칸나에에서 결전을 벌였지만 대패한다. 기원전 216년이었다.

로마군 7만 명 이상이 사망했고 집정관 루키우스 아이밀리우스 파울루스를 비롯해 기병과 중무장 보병으로 참전한 80명의 원로원 의원들도 대부분 전사했다. 카르타고의 전사자는 6천 명에 불과했다. 역사상 단 하루 동안의 전사자에서 제1차 세계대전 1916년 서부전선 이전까지 가장 많은 숫자였다.

한니발이 수도까지 진군해 직접 말을 타고 성벽 주위를 둘러보는 상황에서도 심각한 타격을 입은 로마는 제대로 대응도 못하는 지경이었다. 존망의 위기에 처한 로마는 국가 총동원 체제로 대응했다.

먼저 전쟁 비용을 조달하고자 로마 지도층은 부동산을 제외한 전 재산을 헌납하며 모범을 보였다. 그리고 전시 국가 채권을 발행해 무산 계급을 제외한 모든 시민에게 각자의 경제력에 따라 할당했다. 지도층이 솔선수범하자 시민들도 동참하며 로마는 위기 극복을 위한 총력 동원 체제를 구축할 수 있었다.

한니발에게 연전연패하던 로마는 정면 대결을 피하고 집정관 퀸투스 파비우스 막시무스의 제안대로 게릴라-지구전으로 한니발의 전투력을 서서히 약화시키는 전술로 전환했다.

한니발은 10년간 이탈리아반도에 머물며 각지에서 국지전을 계속했지만, 결정적 승리를 거두지 못하고 전쟁은 교착 상태에 빠졌다. 장기전의 여파로 로마의 어려움이 가중되는 위기 상황에서 로마를 구원할 인물인 스키피오 아프리카누스가 등장한다.

스키피오는 전쟁을 바라보는 관점을 전환했다. 당시 로마는 이탈리아에서 한니발이 지휘하는 카르타고 군대의 공격에 대한 방어 작전만 수행했다. 스키피오는 수동적 방어만으로는 승리하기 어렵다고 판단하고 공격으로 전환했다.

먼저 스페인에서 이탈리아반도로 이어지는 한니발의 보급망에 주목했다. 스페인에서 출발하는 보급망이 차단되면 한니발은 카르타고 본국의 보급에만 의존해야 했다. 그때 카르타고를 공격하면 본국 방어를 위해 군대를 이끌고 귀국하는 한니발과 결전을 벌여 최종적 승리를 거둬야 한다고 결론 내렸다.

스키피오는 카르타고의 식민지이자 한니발의 보급 기지인 스페인 공략에 성공했고 한니발의 주요 보급선을 끊었다. 뒤이어 카르타고 본국 공격에 나섰다. 스키피오는 북아프리카의 카르타고 주

　　　　　격변의 시대, 위기를 지배하라

변 도시들을 차례차례 공격했다. 위기에 처한 카르타고는 예상대로 한니발을 불러들였다. 스키피오와 한니발은 북아프리카 자마에서 결전을 벌였고 로마는 승리했다.

카르타고와 강화를 했으나 로마는 안심하기 어려웠다. 결국 로마는 기원전 149년 제3차 포에니전쟁을 일으켜 카르타고를 완전히 멸망시켰다. 전쟁의 판을 로마에서 카르타고로 바꾼 스키피오의 전략이 위기에 몰렸던 로마를 구한 것이다.

한니발은 칸나이 전투의 대승으로 로마를 멸망 직전까지 몰고 갔으나, 결국 스키피오에게 패배하고 오히려 본국 카르타고가 멸망했다. 카르타고는 전쟁 수행에 대해 지도층의 견해가 통일되지 않았고 내부가 분열되었던 반면, 로마는 지도층과 시민들이 일치단결해 총력 체제로 전쟁에 임한 상황에서 스키피오가 기존의 틀을 깬 대담한 전략을 구사했기에 승리할 수 있었다. 나아가 지중해에 패권을 확립했다.

| 엔리케 | 변방 약소국을 대항해 시대 주역으로 이끌다

현재 포르투갈과 스페인이 위치하는 이베리아반도의 문명 시대는 페니키아 민족이 북아프리카에 건국한 카르타고의 식민지가 되면서 개막된다. 이후 카르타고가 멸망하고 로마로 편입되었으나 476년 서로마가 멸망하면서 게르만 계열 서고트족이 200여 년 동안 지배한다.

8세기 초에는 북아프리카의 이슬람 세력이 침공해 이베리아반도 중남부를 지배하는 시대가 700여 년 지속되었다. 이 시기에 북부에 잔존한 기독교 세력과 중남부의 이슬람 세력이 각축을 벌였다. 기독교 세력이 세력을 회복해 11세기부터 본격적으로 이슬람 세력에 대한 공세를 펼치고 최종적으로 아라곤-카스티야 연합 왕국이 이베리아반도를 석권하는 과정이 재정복, 즉 레콩기스타(Reconquista)다.

포르투갈은 이러한 재정복 과정에서 건국되었다. 포르투갈 귀족 가문 출신의 아폰수 엔리케가 1139년 이슬람 세력을 상대로 보우리케 전투에서 대승을 거두고 왕국을 수립했다. 하지만 여타 기독교 세력 및 이슬람 세력들과의 분쟁이 지속되어 포르투갈은 이베리아반도에서도 변방의 약소국에 불과했다.

전환점은 14세기 후반부터 50여 년간 이어진 후안 1세의 통치기였다. 왕권을 강화하고 해양 팽창의 기반을 마련해 포르투갈이 대항해 시대 초반을 주도하는 계기를 마련했다. 후안 1세의 3남인 엔리케 왕자가 해양 개척을 주도해 국가의 운명을 바꿨다.

포르투갈(Portugal)이라는 국가명은 라틴어의 포르투스 칼레(Portus Cale)로 '서쪽의 항구'라는 의미에서 유래했다. 유럽의 서쪽 끝으로 대서양에 면해 지중해 권역과 영국-북유럽을 이어 주는 항로상 중계지라는 지정학적 중요성이 있었으나 로마, 베네치아, 제노바 등 이탈리아 도시들이 정치 경제적 주도권을 행사하던 르네

상스 시대에는 변방의 약소국에 불과했다.

후안 1세는 이베리아반도 남부에 남아 있던 이슬람 세력을 공격해 영토를 넓히려 했으나, 엔리케는 대외 개척으로 눈을 돌려 아프리카 사하라 교역로의 장악을 주장했다.

이베리아반도의 이슬람 세력들이 오랜 기간 문화적, 경제적으로 번영할 수 있었던 원동력이 아프리카와 유럽을 이어 주는 사하라 교역로를 통한 중계 무역이라고 판단한 그는, 사하라 교역로 진출을 위한 교두보로 이베리아반도 남단의 지브롤터를 마주 보고 있는 아프리카 북단 모로코의 세우타를 공략하기로 결정했다. 세우타는 유럽으로 수입되는 아프리카의 황금과 상아, 중국과 인도 물품들의 일차적 집결지였다.

포르투갈은 이슬람 세력에 대한 공격을 명분으로 1415년 세우타 정복에 나섰다. 200여 척의 전함에 1,700명의 해군, 1만 9천 명의 육군을 동원한 전투에서 승리하면서 포르투갈의 영토로 편입된 세우타 정복을 주도한 엔리케에 대한 국가적 신망이 높아졌다.

세우타 정복으로 아프리카와 유럽을 잇는 중계 무역의 주도권을 확보했고 막대한 세금이 유입되면서 약소국 포르투갈의 도약이 시작되었다. 또한 세우타에 모여드는 아프리카와 아랍 각지의 상인들로부터 아프리카 내륙과 인도-중국에 대한 방대한 정보를 수집할 수 있었다.

엔리케는 세우타 정복에 만족하지 않고 미지의 대륙 아프리카를 남쪽으로 항해하는 새로운 항로 개척을 구상하며, 포르투갈로 귀국해 사그레스성을 건축하고 아프리카의 험난한 바다를 항해할 수 있는 배와 정확한 항해도 제작을 위한 연구소를 개설했다.

유럽 전역의 조선 기술자, 항해 기술자, 지리학자, 천문학자가 모여들어 수집한 각종 기행문, 지리서와 지도, 항해 기록 등을 검토하고 연구하면서 미지의 대륙 항해에 대한 지식과 경험이 축적되기 시작했다. 다년간 축적된 아프리카 항해 지식에 아랍의 어선을 변형한 카라벨(Caravel)이라는 신형 원양 항해 선박까지 개발하고 본격적인 아프리카 항로 개척에 나섰다.

아프리카 남방으로 향하는 대서양에서 1419년 마데이라 제도를, 1427년에는 아조레스 제도를 발견하고 영토로 편입했으며, 이는 유럽 국가에 의한 최초의 대양 항해로 기록되었다. 엔리케의 탐험은 계속되어 세네갈, 카보베르데, 적도 근방의 기니, 시에라리온까지 진출했다.

엔리케는 1460년 세상을 떠났으나 그가 시작한 포르투갈의 항로 개척은 계속되었다. 1487년에는 바르톨로메우 디아스가 아프리카 대륙의 남단에 도달해 '희망봉'(Cape of Good Hope)으로 명명했고, 1498년 바스쿠 다 가마는 희망봉을 돌아 동아프리카 해안을 북상해 인도 캘리컷에 도착했다. 그의 인도 항해는 편도 1년, 왕복 2년 가량 걸리는 험난한 여정이었으나, 인류는 역사상 최초로 바닷길로 유럽과 아시아를 직접 연결하는 시대로 진입했다.

 격변의 시대, 위기를 지배하라

엔리케의 아프리카 항로 개척은 지금 개념으로는 달나라 기지 건설이나 화성 탐험과 같은 원대한 구상이었다. 변방 약소국 왕자로서의 투철한 사명감에 기반해, 새로운 시대를 열어 조국을 부강하게 만들겠다는 시대정신에, 항해 관련 지식을 수집하고 검증하는 연구소를 세웠던 치밀한 전략과 실행의 결과로 포르투갈은 후세대에 전 세계에 무역 기지를 확보하고 인류 최초의 세계 무역로를 운영하는 해양 강국으로 발돋움할 수 있었다. 또한 엔리케 왕자가 주역이 되어 개막한 대항해 시대는 에스파냐, 네덜란드, 영국으로 주도권이 이어지면서 세계사의 새로운 장을 열었다.

엔리케는 대항해 시대를 개막한 전략가로서 포르투갈이 해양 제국으로 도약하는 기반을 마련했다. 이는 기존의 육지 영토 확장이라는 사고방식에서 벗어나 바다를 통한 무역으로 판을 바꿨기 때문이다.

| 메호메트 2세 | 신무기 대포로 비잔틴 성벽을 부수다

메호메트 2세는 오스만 제국의 7대 술탄으로 동로마 제국의 후예 비잔틴 제국을 멸망시키고 발칸반도의 비잔틴 제후국들을 복속시키면서 오스만 제국의 전성기를 열었다.

메호메트 2세는 1432년 무라트 2세의 셋째 아들로 태어났다. 어머니는 동유럽 세르비아 출신 노예여서 왕위 계승과는 거리가 멀었으나, 두 형이 일찍 사망하면서 기회가 생겼다. 1451년 부왕이 세상을 떠나자 20세 약관에 왕좌에 오른 그의 숙원 사업은 비잔틴 제국의 수도 콘스탄티노플 공략이었다.

330년, 로마 황제 콘스탄티누스의 지시로 만들어진 콘스탄티노플은 395년 로마 제국의 동서 분리, 476년 서로마 제국 멸망 등의 격변을 겪으면서도 1천 년이 넘는 역사를 이어온 기독교 문화권 중심지였다. 15세기에는 수도를 중심으로 발칸반도 남쪽에서 세력을 유지하는 수준으로 위축되었으나, 동서 문명과 교역의 집결지로서 명성을 유지하고 있었다.

천혜의 군사적 요충지에 자리 잡은 콘스탄티노플은 5세기 초반부터 1천 년 동안 3중으로 축성한 테오도시우스 성벽으로 방어되어, 1204년 제4차 십자군전쟁에서 내통자가 성문을 열어 함락된 경우를 제외하고는 기록상으로 23차례의 외침을 격퇴한 난공불락의 요새였다.

그러나 20세 애송이 술탄은 헝가리 출신 대포 기술자 우르반을 만나면서 기존 제약을 넘어선 새로운 가능성을 감지했다. 우르반은 당초 자신이 제작한 대포를 비잔틴 제국의 방어 무기로 팔려고 했으나 튼튼한 성벽을 신뢰하는 바람에 여의치 않게 되자 오스만으로 건너왔다.

메흐메트 2세는 콘스탄티노플 성벽을 깨뜨릴 수 있다는 제안에 흥미를 느끼고 제작을 명했다. 시험 발사에서 8m가 넘는 길이의 '우르반 거포'가 500kg의 돌포탄을 1.5km 이상 날리는 괴력을 선보

   격변의 시대, 위기를 지배하라

이자 메흐메트 2세는 1453년 4월 신무기인 대포를 앞세워 10만 명의 병력으로 콘스탄티노플 공략에 나섰다. 당시 콘스탄티노플의 수비 병력은 8천 명에 불과했으나 철옹성 테오도시우스 성벽에 의지하고 있었다.

이후 전개된 47일간의 전투에서 69문의 우르반 대포는 5천 발의 돌포탄을 날려 보내 성벽을 무너뜨렸고 비잔틴 제국은 로마 건국 이후 2,200년의 역사를 남기고 패망했다. 정복자로 입성한 메흐메트 2세는 콘스탄티노플을 이스탄불로 개명하고 오스만 제국의 수도로 선포했다.

대포를 앞세운 메흐메트 2세의 군대는 여세를 몰아 그리스 지역의 비잔틴 잔존 제후국들을 정복하고 발칸으로 세력을 확대해 오늘날 세르비아, 보스니아 지역까지 점령했고 1475년 흑해의 크림 반도에 있는 크림 칸국을 공격해 복속시켰다.

메흐메트 2세는 대포라는 신무기를 활용해 비잔틴을 멸망시키고 발칸과 소아시아를 통합하면서 오스만은 명실상부 이슬람의 종주국으로 부상했다. 또한 오스만이 등장하면서 13세기 이후 200여 년 동안 번영기를 누렸던 서유럽 이탈리아 도시국가들이 주도했던 지중해 시대가 서서히 저물기 시작했고, 15세기 후반 신생국 포르투갈과 에스파냐가 주도하는 대항해 시대가 열렸다.

기존 사업을 다시 정의하라

| 펩시코 | 콜라의 열세를 건강-스포츠 음료로 반전시키다

콜라는 미국을 상징한다. 19세기 후반 등장해 제2차 세계대전에서 미군 군수물자로 보급되면서 유럽을 비롯한 전 세계로 확산되었다. 세계 콜라 시장은 펩시와 코카콜라로 양분되어 있고 코카콜라가 전체적으로 우위에 있지만 국가별로는 시장 지위에 격차가 다양하게 나타난다.

코카콜라는 1887년 조지아주 애틀란타의 약사가 개발해 판매가 시작되었다. 펩시도 비슷한 시기인 1893년 노스캐롤라이나 뉴번의 약사가 출시했다. 탄산이 들어간 청량음료인 소다(Soda)는 20세기 초반 냉장고가 출현하면서 급속히 확산되었다.

코카콜라와 펩시는 콜라 시장을 양분하고 경쟁했지만, 코카콜라가 50% 이상을 점유하고 펩시는 30% 수준을 유지하는 양상이었다. 콜라 시상에서 펩시의 열세는 고착화된 상태였다.

1994년 인도 출신 여성 인드라 누이가 펩시의 전략담당 임원으로 입사했다. 콜라 시장의 경쟁 구도, 식음료 산업의 소비자 변화 등을 분석하고 내린 결론은 시장을 재정의하고 기존 사업을 재규정해 새로운 사업 구조를 형성해 코카콜라를 앞선다는 방향성이었다. 시장 재정의는 콜라가 아닌 전체 음료 시장으로 시야를 확장하

고, 이에 따라 기존 사업을 재규정해 소비자 수요 변화를 따라가야 한다는 전략이었다. 소비자 수요 변화의 핵심은 탄산음료 소다 시장이 한계에 부딪혔으며 21세기에는 건강과 스포츠 트렌드가 부상하리라는 예측이었다. 일차적으로는 탄산음료 중심에서 비탄산음료로의 사업 구조조정이 목표로 제시되었다.

펩시는 1998년 7월 시그램이 보유하던 트로피카나의 33억 달러 인수를 발표했다. 트로피카나는 과즙 음료에서 급성장하고 있었고 특히 천연과즙, 유기농이라는 건강 식품 이미지가 강한 브랜드였다. 2000년 12월에는 퀘이커 오츠가 보유하던 게토레이 지분의 140억 달러 인수를 발표했다. 게토레이는 1965년 미국 플로리다 대학 연구팀이 개발한 스포츠 음료로 당시는 퀘이커 오츠가 지분을 보유하고 있었다. 펩시는 스포츠 음료 시장 점유율이 70%를 상회하는 게토레이를 인수하면서 단숨에 성장 잠재력이 높은 해당 시장을 장악할 수 있었다.

흥미로운 점은 코카콜라가 게토레이의 인수 기회를 선점했으나 이사회에서 부결되어 최종적으로 펩시가 인수했다는 사실이다. 당초 코카콜라와 퀘이커 오츠는 협상을 진행해 인수 조건에 합의하고 이사회에 안건을 올렸는데, 코카콜라 이사회에 참여하고 있던 투자의 달인 워렌 버핏이 높은 가격과 독점금지법 위반 소지의 이유로 강력하게 인수를 반대했고 결국 안건은 부결되었다.

퀘이커 오츠가 게토레이 매각에서 코카콜라라는 유력한 대안을 상실하면서 펩시와의 협상은 급물살을 탔던 것이다. 펩시는 게토레이를 확보해 음료 사업에서 코카콜라와의 격차를 좁히는 결정적 전기를 맞았다. 후일 코카콜라의 게토레이 인수 반대는 워렌 버핏의 흑역사로 남았다.

누이는 펩시를 콜라에서 음료로 확장했다. 오늘날 펩시의 연간 매출은 1천억 달러, 코카콜라는 500억 달러 수준이다. 코카콜라는 콜라 시장에서 우위를 유지하고 있으나 펩시의 식품과 음료 전체 매출에서는 격차가 크다. 2006년 펩시코 최고경영자에 취임해 2018년까지 역임한 인드라 누이는 펩시를 코카콜라에 만년 열세인 '콜라 회사'에서 건강, 스포츠 이미지의 미래 지향적 '복합 식음료 기업'으로 탈바꿈시킨 혁신적인 리더로 평가받는다.

| 후지필름 | 근본적 구조조정으로 새롭게 재탄생하다

필름 사업은 아날로그 시대에 황금알을 낳는 거위였다. 최초의 아날로그 필름카메라는 1839년 루이 다게르가 발명했지만 장비의 부피와 무게, 기술적 난이도로 사진 촬영은 전문가의 영역이었다. 1900년 코닥이 컴팩트 카메라 브라우니를 출시하면서 대중화가 시작되었다. 저렴한 가격, 손쉬운 촬영에 인화 서비스 제공으로 일반인도 카메라 사용이 가능하게 되었다. 1950년대부터 본격적으로 보급되어 가정 필수품으로 자리 잡았고 1980년대에는 일상 생활용품이 되었다.

아날로그 카메라의 보급은 자연히 필름 산업의 성장으로 이어졌다. 1990년대에 필름 사업은 지속적인 성장세에 높은 수익성을 겸비한 이상적 사업이었고, 높은 기술적 장벽으로 신규 진입도 어려웠다. 전 세계 시장은 미국의 코닥과 일본의 후지필름이 70% 이상을 장악한 복점 구조였고 나머지 30%를 독일 아그파를 비롯한 군소 업체들이 차지하고 있었다.

영원히 지속될 듯 보였던 필름 사업의 호황은 21세기 디지털 카메라의 등장으로 급속히 추락하기 시작했다. 세계 최초의 디지털 카메라 시제품은 1975년 코닥에서 개발했지만 기존 아날로그 카메라와 필름 사업에의 악영향을 우려해 제품화를 지연시켰다.

1990년대부터 코닥, 캐논, 카시오 등이 간헐적으로 제품을 출시했으나 낮은 해상도, 저용량 메모리에 높은 가격으로 시장 침투에는 한계를 보였다. 2000년대 들어서는 단점을 보완한 디지털 카메라가 연이어 출시되면서 아날로그 카메라의 쇠퇴가 시작되었고, 2007년 등장한 스마트폰인 애플의 아이폰이 결정타였다.

카메라가 단독 디바이스에서 스마트폰의 기능으로 편입되면서 필름 소비가 급감하고 산업 자체가 해체되기 시작했고, 1934년 설립된 70년 역사의 후지필름은 생사의 기로에 섰다.

절체절명의 시점인 2003년 고모리 시게타카가 CEO로 취임했다. 1963년 입사 이후 후지필름에서 근무한 그는 상황을 직시했다. "이건 경기 침체가 아니라 비즈니스 모델의 종말이다, 과거의 성공을 존중하되 미래의 생존을 위해 과거를 파괴할 용기가 필요하다”
라고 말이다.

이를 타개하기 위한 해결 방안을 모색하고자 “우리가 팔아온 것
은 사진이 아니라 초정밀 화학, 코팅, 이미징 기술 아닌가?”라는 근
본적인 질문을 던졌다.

그리고 정체성을 사진 필름 제조 회사에서 기술 집약 디지털 기
업으로 전환하고 필름이라는 제품이 아니라 필름에 투입되는 화
학-소재-산화 기술의 응용 가능성을 모색하기 시작했다.

의료, 바이오, 반도체, 디스플레이 부문 진출 전략으로 이어졌고
사업 구조를 헬스케어, 고기능 소재, 이미지 솔루션의 3대 축으로
재편했다.

양호한 현금 흐름의 기존 필름 사업을 현금창출원으로 신규 사
업 투자금을 확보하고, 사업 구조 전환의 시간을 벌었다. 연구개발
부문을 비롯한 모든 내부 역량을 신사업으로 전환하고 적극적으로
M&A를 진행해 사업 포트폴리오를 재편했다.

사업 구조조정으로 후지필름은 완전히 새로운 기업으로 재탄생
했다. 필름 사업 매출은 90% 이상 감소했지만 신규 사업의 성장으
로 매출과 이익은 신기록 행진을 이어 나갔다. 후지필름은 필름을
버리고 기술 기업으로 재탄생했지만, 필름 시장의 최강자 코닥을
비롯한 다른 모든 기업은 역사 속으로 사라졌다.

고모리 시게타카는 후지필름을 사업 구조 전환 차원이 아니라

기업의 생존 모델 자체를 바꾸면서 '사라지는 산업에서의 최상급 전환 모델'로 '성공 사업을 잘 접는 능력'의 모범 사례로 평가받고 있다.

| 넷플릭스 | DVD-스트리밍-콘텐츠로 진화하다

넷플릭스는 전 세계 콘텐츠 유통망을 사실상 장악하고 있다. 유료 가입자, 매출액, 순이익, 시가총액에서 독보적 1위로서 아마존 프라임, 디즈니 플러스, HBO MAX 등 여타 경쟁자를 압도하고 있다.

초기에 아날로그 미디어인 DVD 대여로 시작해 디지털 시대의 스트리밍 서비스로 전환하고 이어서 독자 콘텐츠 제작까지 성공적으로 진출해 오늘에 이르렀다.

아날로그에서 디지털로 전체 산업이 진화하는 과정에서 넷플릭스는 기존 사업을 재해석하고 새로운 기술과 접목하는 전략적 전환으로 전 세계 콘텐츠 유통 시장은 물론 제작 시장도 주도하는 위치로 올라섰다.

넷플릭스는 1997년에 리드 헤이스팅스가 설립했고 초기 사업 모델은 우편을 이용해 DVD를 대여하고 반납하는 방식이었다. 넷플릭스의 고객이 집안의 PC를 통해 DVD를 주문하면 우편으로 배송해 주고 고객은 시청 후 우편으로 반납하는 방식이었다.

당시 비디오 대여 시장을 석권했던 블록버스터는 소비자가 직접 매장을 방문해야 하고 연체료도 높았다. 넷플릭스는 우편을 이용하는 편리함에 더해 연체료가 없어 큰 인기를 끌었다.

2002년 미국 나스닥에 상장하고 사업도 확대되어 2004년 가입자가 400만 명을 돌파했지만, 기존의 강자로 미국 최대 비디오 대여 체인 블록버스터와의 경쟁도 격화되었다.

넷플릭스는 오프라인 대여로는 블록버스터와의 경쟁에서 한계가 있다고 판단하고, 사업 모델을 스트리밍으로 전환해야 한다고 판단했다. 고속인터넷이 보급되면서 동영상을 가정에서 스트리밍으로 시청하는 기술적 인프라가 형성되는 시점이었기 때문이다.

넷플릭스는 2007년 스트리밍 서비스를 출시했다. 기존의 DVD 우편 대여에서 인터넷 비디오 플랫폼으로의 전환이었다. 초기에는 콘텐츠 부족, 인터넷망 불안정으로 부진했지만 곧 기술적 제한이 급격히 사라지면서 매출도 급증했다.

하지만 또 다른 문제가 발생했다. 넷플릭스가 서비스하는 콘텐츠의 저작권이 있는 영화사, 방송사들이 저작권료를 인상하기 시작한 것이다. 외부 콘텐츠를 스트리밍으로 소비자에게 전달하는 단순 유통 모델인 넷플릭스에게는 지리한 협상 이외에는 마땅한 대응책이 없었다.

이러한 시점에서 넷플릭스는 독자 콘텐츠 제작으로 전환한다. 유통 파워를 기반으로 대규모 자금을 투입해 흥행작을 만들어 사업의 독립성도 높이고 저작권자들과의 협상력도 강화하는 투트랙 전략이었다.

     격변의 시대, 위기를 지배하라

2013년 〈하우스 오브 카드〉를 출시해 대성공을 거뒀고 〈오렌지 이즈 더 뉴 블랙〉 〈기묘한 이야기〉 〈종이의 집〉 등의 히트작들이 이어졌다. '넷플릭스 오리지널'이라 명명한 독자 콘텐츠를 시청하기 위한 가입자도 폭증했다. 우리나라에서 제작한 〈킹덤〉 〈오징어 게임〉 등도 전 세계적으로 성공 대열에 가담했다.

넷플릭스는 DVD 대여점포로 시작해 초고속 인터넷 시대의 영상 스트리밍으로 진화하고 이어 독자 콘텐츠 제작으로 확장하면서 전 세계 유료 콘텐츠 시장을 주도하는 기업으로 성장했다.

기존 사업 모델이 한계에 부딪히는 시점에서 현재에 안주하지 않고 미래를 향해 판을 바꾸는 연속적인 전략적 선택과 사업 모델 진화의 결과물이다.

길이 막히면 판을 바꿔라

주어진 환경에서 가능성을 찾는 것이 정치이고 비즈니스다. 그러나 환경이 변하면 가능성도 변한다. 현재 상황에서 최선을 다해도 가능성이 제한된다면, 기존의 틀에서 벗어나 새로운 가능성을 찾는 것이 발전을 지속하는 길이다. 역사적인 업적을 이룬 인물들은 모두 새로운 가능성을 찾아 나선 사람들이다. 스키피오, 메흐메트

2세, 엔리케는 모두 현재의 가능성을 제한하지 않고 미지의 가능성을 추구했다.

비즈니스도 마찬가지다. 사업이 현 상태로 계속 지속될 수는 없다. 기술이 발달하고, 소비자가 바뀌고, 시장이 변하기 때문이다. 그래서 오랜 기간 존속해 온 기업은 두 가지 경로를 걷는다.

현재의 제품에 한정해 규모는 작지만 충성도 높은 소비자를 확보하는 중소기업으로 생존하거나, 제품 개념을 확장해 신규 사업을 벌여 규모를 키워 나가는 것이다. 후자의 경우에는 사업의 시작(Start)-확장(Expand)-재규정(Redefine)이라는 3단계 과정을 거치며 발전한다.

우리나라 대표 기업들의 역사는 대부분 이러한 반복 과정을 거쳤다. 1950~1960년대 제분, 제당, 섬유로 시작해 1970~1980년대 건설, 화학, 전자로 확장되었다. 1990년대 이후 전개된 글로벌라이제이션과 디지털 기술혁명을 계기로 가전을 반도체로, 선박을 해양플랜트로, 정유를 정밀화학으로, 전화 사업을 디지털 통신 방송으로 재규정하면서 확장해 온 것이다.

비즈니스는 가능성을 찾아가는 과정이다. 이미 눈에 보이는 것은 다른 사람들의 눈에도 보이기 때문에, 눈에 보이지 않는 가능성을 찾는 것과 다름없다. 그렇기에 길이 막히면 멈추지 말고 돌아가거나 다른 길을 찾아야 한다.

 격변의 시대, 위기를 지배하라

가장 단단한
지지 기반부터 지켜라

근거지가 무너지면 전쟁은 끝이다

대중적 인기가 낮아도 확실한 지지 기반을 가진 정치인은 생명력이 길다. 반면 대중적 인기는 높아도 확실한 기반을 갖지 못한 정치인의 미래는 불투명하다. 기업도 마찬가지다. 충성도 높은 고객을 확보한 기업은 규모와 상관없이 오랫동안 생존한다. 연예인의 인기처럼 쉴 새 없이 변하는 사람들의 마음에만 의존해서는 정치든 사업이든 안정성을 유지할 수 없다. 따라서 핵심 지지 기반을 확보하는 것은 어떠한 상황에서도 생존할 수 있는 동력이 된다.

선거를 치르는 정치인들이 항상 고민하는 '산토끼, 집토끼' 논쟁이 있다. 집에 있는 토끼를 지키는 것이 우선인지, 산에 있는 토끼를 잡으러 가는 것이 중요한지에 대한 논쟁이다. 표를 구하는 입장에서는 자신의 표는 확보하고 상대방의 표를 빼앗아 오고 싶지만,

자칫 상대방의 공격으로 자신의 표를 잃을 수도 있기 때문에 선거 전략에서 항상 고민하는 문제다. 지지층이 확실하다면 마음 놓고 상대방을 공격할 수 있기에 승산이 높아지는 것은 당연하다.

위기 시의 조직도 마찬가지다. 위기를 맞은 조직은 흔들리게 마련이다. 고객도 혼란에 빠진다. 조직 내부에서도 각자의 이해관계에 따라 은밀하게 이합집산이 벌어진다.

이때 중요한 것은 내부적으로는 리더를 신뢰하는 핵심 지지 기반의 유무이고, 외부적으로는 충성스러운 소비자 집단의 존재다. 내부적으로 확고한 지지 기반을 구축하고 외부적으로 충성도 높은 고객을 확보하고 있는 조직의 리더는 위기 극복을 위한 기본 조건을 갖춘 셈이다.

지지 기반 없는 확장은
허상이다

| 조조 | 호족과 유랑민을 지지 기반으로 세력을 얻다

중국 삼국시대의 위(魏), 촉(蜀) 오(吳) 3개국에서 최강국은 조조가 창업한 위나라였다. 공식적으로는 조조의 아들 조비가 한나라 헌제에게 헌양 받아 220년 위나라를 건국했지만, 실질적으로는 조조가 제후인 위왕(魏王)으로 봉해지면서 시작되었다.

조조는 환관 가문 출신으로 당시 화북 지역의 전통적 명문가인 원소, 원술의 원(袁), 하후돈, 하후연의 하후(夏侯), 공손찬의 공손(公孫) 등에 비교해 미약한 배경이었다.

하지만 개인적 능력을 바탕으로 지방 호족과 연합해 세력을 확장하고, 전쟁으로 대량 발생한 유랑민을 둔전병으로 흡수해 핵심 지지 기반을 형성했다. 이를 기반으로 한나라의 실력자로 부상했고 위나라 건국의 초석을 닦았다.

조조의 탁월함은 인재를 등용하는 용인술에서 비롯되었다. 신분, 출신과 무관하게 조조가 발탁한 인재들은 적재적소에 배치되어 역량을 발휘했다. 이들은 군사, 행정, 외교 등 각자의 분야에서 조조가 세력을 확장하고 행정을 안정시키는 핵심 기반이 되었다.

이러한 개방성은 지방 세력가인 호족들을 적극적으로 포섭하는 바탕이었다. 조조는 호족들을 적극적으로 포섭해 각자의 위상에 상응하는 관직과 특권을 부여해 지지층으로 편입했다. 조조가 약속한 '공정한 법에 따른 관대한 통치'는 호족들에게도 이익이었다.

중앙정부의 관료 집단, 지방 세력인 호족을 포섭해 권력의 중추를 형성한 다음 단계는 농민층의 지지 확보였다. 당시 호족 세력이 강력한 지역은 일정 수준의 질서가 있었으나, 전쟁 와중에 기근까지 발생해 생활 터전을 떠난 유민-난민이 많았다. 조조는 이들을 수습해 토지를 분배하고 둔전으로 만들었다.

조조는 전쟁으로 황폐한 토지에 유민-난민을 투입해 농토로 개

    격변의 시대, 위기를 지배하라

간해 경제력을 확충했다. 둔전이라는 안정적 생활 기반을 갖춘 농민들은 평상시에는 세금을 내고 전쟁 시에는 병사로 동원되는 둔전병이 되었다. 유랑민을 감소시켜 사회를 안정화하면서 경제력을 확충하고 군사력도 강화하는 일석삼조의 효과적 정책이었다.

군대의 기본 구조는 중앙정부 관할의 정예병과 지방의 둔전병으로 편성되었고, 이는 장기전 수행의 능력을 향상시켰다. 각자의 지역에서 차출된 둔전병의 보급은 해당 지역에서 가능했기 때문에 보급 부담이 획기적으로 감소했다.

조조가 조정의 실권자가 되고 실질적으로 새로운 왕조의 창업자가 된 것은 핵심 지지 기반을 확고히 구축했기 때문이다. 역량 있는 인재가 중앙정부를 운영하는 관료 집단이 되고, 지방 세력인 호족을 포섭하고, 무엇보다 유랑하는 농민을 둔전병으로 편입해 지지 기반으로 전환하는 삼각편대가 가장 큰 힘이었다.

| 도쿠가와 이에야스 | 개간한 황무지로 일본을 평정하다

도쿠가와 이에야스가 일본 전국시대(戰國時代)를 끝내고 개막한 에도 막부가 260여 년 동안 일본에 평화를 가져왔다. 인내의 달인으로 불리는 그는 당대 권력자 도요토미 히데요시의 집중적 견제에서도 살아남았고, 기존 영지를 빼앗기고 강제로 이동한 황무지를 개간하고 새로운 근거지로 만들어 이를 기반으로 최종 승리자가 되었다.

일본 중세시대를 지배했던 무로마치 막부가 몰락하고 에도 막부가 성립되는 130여 년의 기간을 '전국시대'라고 한다. 빈천한 태생이었던 도요토미는 전국시대 후기의 최강자 다이묘(大名, 영주)였던 오다 노부나가 수하에서 입신해 장수의 반열에 올랐다.

1582년 일본 천하통일을 목전에 두고 있던 오다가 부하 장수 아케치 마츠히데의 반란으로 전사하는 '혼노지의 변'이 발생했다. 도요토미는 주군에 대한 복수를 기치로 내걸어 반란을 진압하고 오다의 세력을 인수해 최강으로 부상했다.

1598년 도요토미 사망 후 불과 2년 후인 1600년 도쿠가와가 반기를 들었다. 도요토미 측의 동군, 도쿠가와 측의 서군으로 나뉘어 맞붙은 세키가하라 전투가 벌어지고 서군이 승리하면서 도쿠가와가 주도권을 잡는다.

이후 오사카 전투(1614~1615)에서 도쿠가와는 도요토미의 잔여 세력을 말살시키면서 전국시대는 종료되고 평화기로 접어들며 성립한 에도 막부가 260년간 지속된다.

도요토미는 뛰어난 지략과 강한 군사력의 도쿠가와를 극도로 경계했다. 임진왜란을 준비하는 과정에서 도쿠가와를 배제하고 아예 몰락시켜 후환을 없애려 했다. 도요토미는 1590년 도쿠가와의 영지를 몰수하고 간토(關東)로 이동하라는 명령을 내렸다.

도쿠가와의 영지는 거대한 면적으로 동부 지방에 산재해 있었지만 현재 도쿄 지역인 간토는 당시 강과 호수, 바다가 수시로 범

 격변의 시대, 위기를 지배하라

람하는 광활한 습지로 황무지였다.

간토로의 이동은 사실상 유배였다. 하지만 도쿠가와는 자신을 제거하려는 도요토미의 명백한 의도를 감지하고 일언반구 없이 곧바로 이동했다. 비옥한 영지를 몰수당하고 황무지로 이동하는 도쿠가와는 정치적으로 사망했다는 평가가 지배적이었다. 하지만 도쿠가와는 이러한 위기에서도 새로운 잠재력을 파악했다.

간토는 비록 습지와 삼림이 가득한 황무지이고 인구도 적지만 개발 가능성이 높은 지역이었다. 또한 간토 지역의 영주였으나 도요토미에게 패배해 멸문한 호조 가문의 과거 가신들인 무사, 행정 관료를 영입할 수 있었다. 어쩔 수 없이 쫓겨 가는 신세였지만 도쿠가와는 새로 옮기는 간토 지역을 자신의 핵심 지지 기반으로 만들겠다는 전략이 있었다.

도쿠가와는 1600년까지 10년간 간토 지역을 탈바꿈시키는 대대적 인프라 사업을 실시했다. 먼저 작은 어촌이었던 에도(江戸)를 강과 바다의 물류망의 요충지로 파악해 수도로 정했다. 홍수로 범람이 잦은 아라카와강에 둑을 쌓고 수로를 정비했다. 여타 물줄기들도 토목 공사를 실시해 홍수를 방지하고 농업 용수를 확보했다. 강을 정비하면서 관개 시설을 설치하자 광대한 습지는 벼농사가 가능한 간토 평야로 변모했다. 황무지였던 간토는 10년 만에 일본 최대의 곡창 지대로 변모했다.

도쿠가와가 간토 지역 개발을 추진하는 동안 도요토미가 주도한 조선 침략, 임진왜란은 실패했다. 임진왜란에 참가하지 않은 도쿠가와는 병력을 보존했고 간토 개척도 성공해 최강의 세력으로 거듭났다. 이러한 상황에서 도요토미가 1598년 사망하면서 내전이 발생했다.

도요토미 반대파를 이끌었던 도쿠가와는 세키가하라 전투에서 승리하고 일본을 통일하는 최후의 승리자가 되었다. 이후 에도 막부를 창설하고 260여 년간 평화가 유지된다.

| 프리드리히 2세 | 지방 귀족으로 부국강병을 이루다

프로이센은 19세기 독일제국 성립의 주역으로 오늘날 독일의 출발점이다. 동유럽 변경의 국경수비대로 출발한 프로이센은 18세기 프리드리히 빌헬름 1세 시절 군사 강국으로 발전했고, 그의 아들로 왕위를 이어받은 프리드리히 2세의 통치 기간에 중부유럽에서 군사력과 경제력에서 명실상부한 강자로 부상했다. 후일 대왕으로 불리는 프리드리히 2세는 프로이센의 융커(Junker)를 핵심 지지 기반으로 육성하고 활용해 부국강병을 이뤘다.

융커는 동프로이센, 브란덴부르크 지역에서 봉건농노제에 기반한 대지주인 지방 귀족들이었다. 프리드리히는 젊은 시절 프랑스 계몽 사상에 심취되어 봉건 질서에 기반한 융커에 대해 부정적이었다. 지방 귀족인 융커의 특성상 프리드리히가 추진하는 중앙집중형 왕권 강화에도 협조적이지 않았기 때문이다. 그러나 왕위

 격변의 시대, 위기를 지배하라

에 오른 프리드리히는 현실을 냉정하게 파악했다. 융커의 실체를 인정하고 국가의 기둥으로 활용해야 프로이센이 발전할 수 있다고 결론 내렸다. 그래서 융커의 권한은 인정하되, 국가와 군대는 왕이 절대적 지휘자라는 질서를 확립했다. 또한 융커의 아들 중 한 명을 입대시켜 유능한 장교를 양성했고 프로이센 장교단의 80% 이상을 차지했다.

융커의 토지 소유권을 보호하고 귀족 영지에 세금 혜택을 제공했지만 융커를 견제하는 정책도 시행했다. 국가와 왕실 차원에서 대규모 개간 사업을 벌여 국유 및 왕실 소유 토지를 확대했고, 산림 채벌, 소금 생산, 도시 상업은 국가 관료가 관리하도록 했다.

즉 융커가 봉건농노제에서 가졌던 권리는 인정하되 그 이외의 영역은 국가가 주도하는 방식이었다. 이는 융커 입장에서도 환영받았다. 기존 권리를 인정받으면서 군인과 공무원으로 진출하는 길도 열렸기 때문이다.

프로이센의 3번째 왕인 프리드리히 2세는 융커의 지방 지배는 유지되면서 중앙집권형 절대왕권을 결합시키는 독특한 체제를 구축했다. 융커는 정치-군사-행정 분야에서 중요한 역할을 담당했지만 왕권에 절대복종했다.

프리드리히 2세는 융커를 정치적 기반, 군사력의 핵심, 경제력과 지방 행정의 근간으로 인정했지만 절대왕권 아래 통제하고 제한하며 국가 관료체제를 확립해 부국강병을 추진했다.

왕권과 융커 세력의 균형은 프로이센이 부국강병을 이루는 원동력이 되었다. 19세기 중후반 프로이센이 덴마크(1864), 오스트리아(1866), 프랑스(1870)와의 연속적 전쟁에서 모두 승리하고 1871년 독일제국을 수립하는 기초 체력은 프리드리히 2세가 융커를 핵심 지지층으로 육성하고 활용하는 전략에서 출발했다.

프리드리히 2세와 융커의 관계는 국가 경영에서 선의에 기반한 막연한 지지가 아니라 이해관계를 공유하는 적극적 지지의 힘을 보여 주는 대표적 사례다.

충성도는 최고의 성장 자산이다

| 할리데이비슨 | 제품이 아니라 동호회로 차별화에 성공하다

할리데이비슨은 1903년 미국에서 윌리엄 할리와 아서 데이비슨이 창업한, 세계에서 가장 오래된 오토바이 회사다. 중후한 디자인과 특유의 엔진 소리는 할리데이비슨의 트레이드마크다. 특히 1950~1960년대에는 제임스 딘, 말론 브란도 등 유명 배우들이 영화에서 타고 다니면서 젊은이들의 아이콘으로 군림했다. 그러나 1980년대에 파산 직전까지 몰리는 위기가 찾아왔다.

1960년대부터 일본에서 수입된 혼다·야마하·스즈키·가와사키

의 소형 오토바이는 값싸고, 디자인 좋고, 연비도 좋은 데다, 품질도 뛰어나 인기를 끌었고 점차 중대형 제품으로 확장하기 시작했다. 반면 할리데이비슨은 고질적 누유, 진동에, 잔고장이 많고, 비싸서 소비자들이 외면하기 시작했다. 1970년대 초반 미국 대형 모터사이클 시장에서 할리데이비슨은 시장점유율 75%의 절대강자였으나 10년 후인 1980년대 초반에는 15%로 급락했다.

문제의 핵심은 1969년 할리데이비슨을 인수한 미국 레저용품 회사 AMF의 경영 방식이었다. 일본 제품과 경쟁하고자 소형 제품을 출시하고 제품 라인 확장을 명분으로 골프 카트까지 생산했다. 인건비를 절감하고자 필수 인력을 줄이고 품질 관리에 허점이 있는 상태에서 무리하게 생산량을 늘려 불량품이 속출했다. 후일 'AMF–Harley era=최악의 품질 시대'로 불리는 시기였다.

결국 AMF는 보유 지분 8천만 달러를 할리데이비슨 경영진 열세 명에게 매각하는 MBO(Management Buy-Out) 방식으로 철수했다. 새로운 경영진은 초기 창업자들의 정신과 정체성 회복을 기치로 내걸었다. 회생 전략의 핵심은 브랜드 정체성 재창조와 핵심 고객 재구축이었다.

일본 제품과의 기술 경쟁으로는 승산이 없다고 판단하고 방향을 전환해 아메리칸 헤리티지의 문화-라이프스타일 브랜드로 재창조에 나섰다. 진동-엔진 소리까지 개성으로 브랜딩하고 개인 용도로 개조하는 커스텀 문화에도 적극 대응했다.

할리데이비슨의 소비자들은 중산층 이상이면서 반항적 기질의 모험가들로, 안정되었으나 일탈을 꿈꾸는 사람들이었다. 이들에게는 제품이 아니라 삶의 방식을 팔아야 한다고 판단했다. 이러한 접근은 할리데이비슨의 오토바이를 단순한 소비 제품이 아닌 미국인의 정체성과 개성을 상징하는 아이콘으로 만들었다.

브랜드 정체성 회복은 고객 커뮤니티 재구축으로 이어졌다. 1983년 시작된 H.O.G.(Harley Owners Group)는 고객을 단순한 제품 소비자가 아니라 정체성을 공유하는 가족(Family)으로 연결되는 매개체가 되었다. 혼자보다 여러 명의 라이딩이 재밌는 오토바이의 특성상 H.O.G.는 높은 인기를 끌었다. 1983년 3천 명으로 시작되어 불과 2년 뒤 6만 명을 상회했다.

동질감을 높이기 위해 오토바이를 타면서 함께 착용할 수 있는 각종 옷과 액세서리들도 개발했다. 2003년 8월 회사 창립 100주년을 맞아 위스콘신주 밀워키에서 축하 모임을 개최했을 때는 25만 명의 동호회원들이 전 세계에서 자발적으로 참가했다. 이 동호회원들은 할리데이비슨의 구매자이자 자발적 구전 마케터로서 회사의 가장 중요한 자산으로 발전했다.

할리데이비슨은 핵심 고객층을 정확하게 파악한 후 그들에게 제품이 아니라 브랜드와 삶의 방식을 파는 신개념 전략을 성공시킨 대표적 사례로 평가받는다. 할리데이비슨은 오토바이 제조 회사에서 문화 아이콘으로 재탄생했다.

알디는 독일에 본사를 둔 초저가 유통 기업이다. 검소하고 절약하는 문화의 독일에서 생필품을 여타 유통 기업과 비교하기 어려운 정도의 낮은 가격으로 판매해 충성도 높은 고객층을 확보했다. 저가 판매를 가능하게 하는 시스템을 기반으로 유럽의 타국과 미국에도 진출해 고속 성장을 지속하고 있다.

값은 저렴하지만 구매 사실이 부끄러워 알디의 쇼핑백을 들고 다니지 않았다는 일화가 있는 회사가 오늘날 가성비 좋은 가치 소비의 대명사인 글로벌 기업으로 성장했다.

알디라는 브랜드는 '알브레히트 형제의 디스카운트 스토어'에서 따왔다. 모태는 창업자 형제의 어머니가 1913년 독일 에센에 개업한 조그만 식료품점이었다. 알디의 초저가격 판매는 철저한 원가 절감과 사업 모델 혁신으로 가능했다.

단순히 납품 가격을 낮추거나 경상비를 감축하는 차원이 아니라, 원가 구조 자체를 혁신한다. 1품목 1상품 정책으로 가장 많이 팔리는 상품 한 가지만 매대에 올린다. 보통 할인점의 판매 품목이 2만 개에서 많으면 10만 개인데 알디는 500개가 기준이다. 품목이 적으니 상품 순환이 빠르고, 재고 부담도 줄어들고, 대량 구매하기 때문에 가격도 낮아진다. 또한 인건비와 매장 관리비도 최소화한다. 공급받은 상품을 박스 그대로 진열대에 올려놓고, 매장 인테리어나 광고에 돈을 지출하지 않는다. 각 점포의 직원 수를 다섯 명

정도로 제한하고 전 직원이 수납, 매장 청소 등 모든 업무를 한다.

판매 상품의 90% 이상이 알디의 자체 상표다. 주로 중소기업과 제휴해 생산한 자체 상표 PB 제품을 유명 브랜드 대비 절반 이하 가격에 판매한다. 가격이 저렴하지만 품질이 높아 고객들은 '브랜드가 아니라 알디를 산다'라고 표현할 정도로 충성도가 높다.

1980년대까지 '알디는 가난한 사람들이 싸구려 먹을거리 사는 곳'이라는 이미지가 있었다. 그래서 알디에서 구매하고 다른 슈퍼마켓의 쇼핑백을 이용하는 고객도 있을 정도였다.

하지만 1990년대에 가구나 가전제품 등을 매주 특별 기획 상품 형태로 판매하면서 이미지도 변했다. 대표적인 품목이 1995년의 알디 컴퓨터다. 당시에 고가의 컴퓨터가 감자와 양파를 팔던 슈퍼마켓에서 절반 가격으로 판매되자 순식간에 품절되었다. 알디에 컴퓨터를 납품한 무명 회사 메디온은 하룻밤 사이에 유명세를 얻었고, 독일 내 컴퓨터 판매 순위 3위까지 올랐다.

독일에서는 '사람들이 알디에서 물건을 사며 신에게 감사한다, 좋은 물건을 놀랄 만큼 싸게 살 수 있으니까'라는 농담이 나올 정도였다.

알디는 독일의 성공을 바탕으로 1970년대부터 해외 진출을 시작해 특히 미국 시장에서 대성공을 거두고 있다. 1976년 미국 중서부의 중산층-노동 계층이 많은 지역을 중심으로 진입해 초저가 사업 모델의 가능성을 확인했다.

　　　　　격변의 시대, 위기를 지배하라

이후 1980년대 미국의 침체기와 맞물리며 급속히 성장했다. 미국 소비자들에게 저렴하고 품질 좋은 상품이라는 이미지가 확립되며 고성장을 지속하고 있다. 알디는 유통업계의 혁신 기업 차원을 넘어 저비용 구조의 기술자로 평가된다.

위기일수록 중심을 강화하라

협회장으로서 많은 회원에게 호의적 평가를 받는 것은 중요하다. 하지만 결정적 순간이 되면 이야기가 달라진다. 자신을 믿고 따르는 소수의 사람이 분명히 있느냐, 없느냐에 따라 결과가 완전히 달라진다. 자신에 대해 호감을 갖고 있는 수천 명보다 결정적 순간에 자신을 도와줄 수십 명이 현실에서는 진정한 가치를 지닌다.

사업자들이 모이는 협회의 협회장을 수차례 역임한 이의 경험담이다. 정치는 유권자를 확보하는 과정이고, 사업은 고객을 확보하는 과정이다. 리더십 확보란 조직원의 마음을 얻는 과정이다. 한꺼번에 전체를 자신의 편으로 만들 수는 없다.

지지 기반이란 작게 시작해 점차 넓혀 가는 과정을 거친다. 점에서 선으로, 선들이 모여 면으로 확장하는 구조다. 중요한 것은 점이 충실해야 선으로 확대되고, 선이 강해야 면으로 넓혀 나갈 수 있다는 점이다. 출발하는 근거지가 빈약하면 기반을 확대하면 할수록 응집력이 떨어지는 역설이 생겨난다. 따라서 근거지가 든든해야 확장할 수 있다.

위기일수록 조직 내외부의 확실한 지지 기반이 필요하다. 위기를 맞아 리더십을 발휘해야 할 때 핵심 지지 기반이 없으면 추진력을 발휘할 수 없다. 어려움에 처할수록 충성도 높은 고객, 충성도 높은 직원들의 가치는 소중하다.

     격변의 시대, 위기를 지배하라

9장

최악을 상정하는 순간, 위기는 통제된다

위기는 단속점에서
터진다

최악을 우려하는 것과 최악을 가정하는 것은 다른 문제다. 우려는 걱정하면서 최악의 상황이 현실화될 것을 바라지 않는 불안정한 심리다. 최악의 가정은 현실적 가능성을 상정하고 사전에 대책을 마련한다는 차이가 있다.

많은 사람은 생각하기도 싫은 나쁜 상황을 애써 외면하거나, 상황이 닥치면 그때 가서 대처하겠다는 식으로 미룬다. 그러나 조직의 리더라면 행동에 나서기 전 최악의 상황을 가정하고 단계별로 대책을 구상해야 한다. 리스크를 관리하는 효과적인 방법이다.

특히 위기라고 부르는 긴급 상황은 평상시의 연장선이 아니라 현실의 단속점에서 발생한다. 예기치 않은 사고, 전쟁, 갈등으로 사업이 근거하는 기본 전제를 무너뜨리기 때문이다. 의외로 사람들

　　　　　　　　　　격변의 시대, 위기를 지배하라

은 미래를 현재의 연장으로 받아들이는데, 현실은 그렇지 않다. 일정한 주기로 예기치 않은 변수가 일시에 닥친다.

"비가 내렸다 하면 억수같이 온다"라는 격언이 있다. 리더는 최악의 경우를 가정해 사업 계획을 세우고 조직을 정비해야 한다. 자금 여력이 생겼을 때도 무조건 확장할 것이 아니라 효율성을 높이는 시스템 구축에 투자하는 등 환경 변화에 대응하는 능력을 높여야 한다. 위기 관리를 통해 재정비된 기업은 경기 침체나 일시적인 어려움에도 살아남을 수 있는 능력을 갖출 수 있다. 경기가 호전되고 영업 활동이 성공할 경우엔 더 큰 발전을 이뤄 나갈 수 있다.

최악을 가정하고 최선을 설계하라

| 가말 나세르 | 군사 열세 인정하고 외교적으로 승리하다

고대에서 북아프리카의 이집트, 아라비아반도, 팔레스타인 지역 등은 로마의 권역이었다. 동로마 제국의 후예 비잔틴 제국이 쇠퇴하면서 이슬람 세력의 왕조들이 명멸하다가 10세기부터 1천 년간 투르크 계열의 왕국이 지배했고 20세기 초반에는 투르크 계열의 오스만 제국 권역이었다.

제1차 세계대전에서 독일-오스트리아-오스만 투르크가 패배

하면서 아랍 지역은 승전국인 영국과 프랑스가 분할해 지배했다. 이집트는 1922년 형식적으로 독립했으나 영국이 실질적으로 지배했다. 제2차 세계대전으로 서구 열강의 식민주의가 퇴조하면서 아랍 지역 국가들이 독립했다. 레바논(1943), 시리아(1946), 요르단(1946), 리비아(1951), 튀니지(1956), 모로코(1956)가 잇따라 독립 국가를 세웠다.

비록 독립했지만 영국-프랑스의 영향력은 강력했다. 영국-프랑스는 아랍 지역에서 발견된 석유 자원 개발의 권리를 확보해 경제적 의존은 지속되었다. 특히 수에즈 운하는 서구 열강의 이권이 유지되는 상징이었다. 이집트 영토의 운하를 영국이 실질적으로 지배하고 수익도 가져가고 있었다. 가말 나세르는 1956년 전격적으로 수에즈 운하 국유화를 선언했고 영국-프랑스-이스라엘 군대가 수에즈 지역을 공격하면서 제2차 중동전쟁이 발발했다.

영국은 식민지였던 이집트의 돌발 행동을 용납하지 않았다. 영국은 프랑스, 이스라엘과 비밀 협상을 벌여 이집트 공격을 결정했다. 프랑스는 식민지인 알제리의 독립 세력을 나세르가 지원해 불만이 컸고, 이스라엘에게 영국-프랑스와 연계한 이집트 침공은 국제 정치적으로도 이득이 컸다. 전쟁 목표는 나세르 정권 전복과 수에즈 운하 탈환이었다. 이스라엘이 먼저 공격하면 영국, 프랑스가 가담하기로 합의했다.

1956년 10월 29일 이스라엘이 먼저 수에즈와 인접한 시나이반도로 진격했다. 다음 날 영국과 프랑스는 이집트에 선전포고했고 전쟁은 확대되었다. 이집트의 시나이반도는 이스라엘에게 점령되었고, 영국-프랑스 공군의 폭격으로 이집트 공군은 궤멸되었다. 11월 5일에는 공수 부대와 해군을 동원한 운하 탈환 작전이 시작되었다. 군사적 패배가 이어지는 상황에서 나세르는 외교전을 본격화했다.

유엔은 임시총회를 열어 영국-프랑스-이스라엘 군대의 즉각 철수와 유엔군 파견을 결의했다. 미국은 아랍 지역 전체와의 적대적 관계를 우려했다. 소련은 영국 런던과 프랑스 파리에 대한 핵 공격으로 위협했다. 영국은 미국 대통령 아이젠하워의 권고를 받아들이는 형식으로 11월 6일 전쟁 중지를 선언했다. 수에즈 운하는 선박을 자유롭게 통행시킨다는 조건 하에 이집트가 관리하게 되었다.

군사력 측면에서 이집트는 절대열세였고 패배는 기정사실이었다. 하지만 이러한 군사적 행동은 아랍 세계의 거센 반발을 불러일으켰고 국제 여론은 이집트에 우호적으로 돌아갔다. 특히 침공한 영국-프랑스와 제2차 세계대전 당시 동맹 관계였던 초강대국 미국과 소련이 모두 철수를 요청하면서 상황은 급반전했다. 미국은 경제 제재를 선언하고 소련은 핵 공격까지 공언하면서 더 이상 버틸 수 없었던 영국-프랑스는 군대를 철수시켰다.

나세르의 일격으로 수에즈 운하는 단번에 이집트의 국유 재산이 되었다. 나세르는 군사적 패배를 예상했지만 제2차 세계대전 후 재편된 국제 정세와 아랍 세계의 동향을 정확히 파악하고 외교적 승리를 추구했다. 전투에선 졌지만 전쟁에선 승리하면서 아랍 세계의 영웅으로 떠올랐다.

| 존 F. 케네디 | 최악의 상황을 가정해 제3차 세계대전을 막다

1962년 10월 14일, 미국 정보당국은 항공 사진을 통해 쿠바의 미사일 기지 건설 현장에서 소련제 핵미사일이 발사 준비 중이라는 사실을 확인한다. 이 사진은 즉각 존 F. 케네디 대통령에게 전달되었고, 케네디는 안보회의를 소집해 사태 해결 방안을 모색한다.

회의 참석자 대부분은 강경한 의견을 피력했다. 선제공격을 감행해 미사일을 파괴하자는 의견이 주류인 가운데, 일부에서 미사일을 싣고 쿠바로 향하는 소련 선박의 진로를 차단하자는 해상 봉쇄 의견이 나왔다.

케네디는 고민에 빠졌다. 특히 1961년 4월 17일에 시도했던 쿠바 피그만 침공 사건이 처참한 실패로 끝났기에 군사 행동을 하기에는 어려운 여건이었다.

과거 우방국 쿠바에 공산 피델 카스트로 정권이 들어서자 양국 관계는 급속히 악화되었다. 자신들의 코앞에서 공산 국가가 수립되는 것을 용납할 수 없던 미국이 전격적으로 쿠바 공격에 나선 것이 피그만 침공 사건이었다.

　　　　　　　　　격변의 시대, 위기를 지배하라

케네디가 결정한 피그만 침공에 대해 수뇌부의 반대는 없었다. 미국은 쿠바에서 망명해 온 1,300여 명의 쿠바인들을 훈련시킨 후 피그만에 상륙시켰다. 미국의 시나리오대로라면 망명 쿠바인들이 무능한 쿠바 혁명군을 물리치고, 이에 호응해 쿠바인들이 폭동을 일으켜 공산 정권을 전복했어야 했다.

그러나 사태는 미국의 예상과는 반대로 전개되었다. 쿠바 혁명군은 침착하게 대응했고, 예상했던 봉기는 일어나지 않았다. 4일간의 전투 후 망명 쿠바인 대부분이 포로가 되면서 작전은 종결되었다. 1962년 미국은 5천만 달러 상당의 물자를 쿠바에 제공하고 포로를 반환받는 치욕을 맛봤다.

케네디는 선제공격 감행 시 발생할 수 있는 시나리오를 그려 봤다. 쿠바 공격에 나서면 소련은 서베를린을 공격할 것이 분명했다. 그럴 경우 제3차 세계대전 발발 가능성도 배제할 수 없었다. 공격을 감행한다 해도 쿠바의 미사일 기지를 완전히 파괴하리라는 보장도 없었다. 강력한 해상 봉쇄 또한 소련의 반발을 불러일으킬 가능성이 높았다. 케네디는 진퇴양난의 위기에 빠졌다.

최악의 시나리오들을 점검한 케네디는 10월 22일, TV 연설로 자신의 입장을 개진했다. 그는 연설에서 모든 쿠바행 선박들을 조사해 공격용 무기가 적재되었을 경우 회항시키겠다고 발표했다.

그러나 그는 생필품 반입을 허용하고, 봉쇄라는 용어 대신 차단이라는 용어를 사용함으로써 소련을 자극하지 않고자 최대한의 노력을 기울였다. 그런 뒤 미주기구 회의를 열어 자신의 차단 정책에 대한 동의를 얻었으며, 미국의 방위 태세를 전시보다 두 단계 낮은 데프콘(DEFCON, Defense Readiness Condition) 3로 조정하는 조치를 취했다.

케네디의 차단 정책은 별다른 효과를 거두지 못하는 것처럼 보였다. 10월 23일 찍은 항공 사진에서는 핵미사일 발사 준비가 완료되었음을 확인할 수 있었다. 10월 24일에는 핵무기를 적재한 소련 선박이 저지선 가까이까지 다가오는 상황이 발생했다. 일촉즉발의 순간 소련 선박이 회항함으로써 더 큰 문제는 발생하지 않았으나 아직 상황이 완전 종료된 것은 아니었다. 10월 25일 미국은 자국의 방위 태세를 데프콘 2로 상향 조정했다.

10월 26일, 소련 측 입장이 전달되었다. 소련 최고 지도자 니키타 흐루쇼프는 케네디가 쿠바를 침공하지 않겠다고 약속하면 쿠바에서 미사일을 철수시키겠다고 제안했다.

그러나 첩보에 따르면 미사일 기지 건설은 더욱 속도를 올려 진행되고 있었다. 카스트로는 계속해서 미국에 핵 공격을 해야 한다는 주장을 굽히지 않고 있었다. 강경론자들이 쿠바 공격을 주장했지만 케네디는 쉽게 결정을 내리지 않았다.

10월 27일 두 번째 제안이 들어왔으나 첫 번째 제안보다 못한 제안이었다. 케네디는 국가안보회의를 소집해 의견을 들은 뒤 최종 결정을 내렸다. 쿠바 침공을 하지 않겠다고 약속하는 쪽으로의

     격변의 시대, 위기를 지배하라

결론이었다.

10월 28일 흐루쇼프는 라디오 연설을 통해 쿠바의 미사일 기지 해체를 공식 발표했다. 2주간에 걸친 위기가 비로소 완전히 사라지는 순간이었다. 이후 두 나라는 막후 접촉으로 11월 21일 완전한 합의를 도출하는 데 성공했다.

피그만 침공 사건의 실패로 국내외 비난을 받은 케네디로서는 선제공격을 통한 진압을 선택할 수도 있었다. 대다수의 방위 책임자들이 권한 것도 바로 선제공격이었다. 그러나 케네디는 최악의 경우를 가정해 가며 문제 해결에 몰두했고, 제3차 세계대전 발발의 위기를 넘길 수 있었다.

│ 매슈 리지웨이 │ 최악 가정한 작전으로 전황을 역전하다

1950년 6월 25일 새벽, 북한군의 남침으로 한국전쟁이 시작되었다. 탱크와 중화기로 무장한 북한군은 경무장에 방심한 국군을 단숨에 격파하고 3일 만에 수도 서울을 점령했다. 일본에 주둔하고 있던 미군이 보병 대대 규모의 스미스 특수임무 부대를 편성해 급하게 참전했지만 오산 전투에서 패배하고, 북한군은 파죽지세로 진격했다. 이에 미군이 사단 규모로 참전하고 국군도 전열을 수습해 8월 초에는 낙동강 전선에서 공방이 계속되었다.

1950년 9월 15일 미국 더글라스 맥아더 원수가 주도한 인천상륙작전 성공으로 전황은 급변했다. 북한군은 편제가 무너져 도망

치는 패잔병 무리로 전락했다. 1950년 10월 19일 국군은 1사단이 평양에 입성하고 7일 후 6사단이 압록강에 도착했다.

승리가 눈앞에 다가왔다고 느끼는 순간 은밀하게 압록강을 건너온 중공군 30만 명의 공격이 시작되었다. 중공군의 대규모 참전은 맥아더 원수의 미군 극동사령부는 물론 미군 합동참모본부에서도 예측하지 못했다.

다시 전황은 급변했다. 중공군은 불과 2개월여 만에 유엔군을 평안북도에서 한강 이남으로 밀어내고 1951년 1월 4일 수도 서울까지 함락했다. 유엔군 전선은 붕괴되어 평택-단양-삼척 선까지 후퇴했고 장병들은 중공군 공포증으로 전투 의지가 상실될 정도로 사기도 저하되었다.

와중에 미군 8군 사령관 월튼 워커 중장이 전선 시찰 중 지프 사고로 사망하는 변고까지 발생했다. 미군 지휘부는 즉시 매슈 리지웨이 중장을 후임으로 임명하고 3일 후에 지휘권을 인수했다.

리지웨이는 미국 워싱턴 국방부의 최고위 장군들도 패전 가능성을 우려하고 한국 철수도 고려하던 최악의 상황에서 부임했다. 제2차 세계대전 당시 미군 82공수사단장 및 공수군단장으로 명성을 떨쳤던 그는 서유럽 전선의 시칠리아, 노르망디, 네덜란드에서 탁월한 지휘·조직 능력을 발휘한 현장형 지휘관으로, 무너진 부대를 재조직하고 사기를 끌어 올리는 데 탁월하다는 평가를 받았다.

리지웨이는 포병-공군이 없고 보급이 약한 중공군의 약점을 공

                                              격변의 시대, 위기를 지배하라

략하기 위해선 미국의 강점인 포병-공군과 연계하고 풍부한 보급을 적극 활용해야 한다고 판단했다. 중공군의 취약점을 확인하는 탐색전을 거친 후 단계적 반격으로 중공군 전투력을 소진하면서 북진하다가 결정적 순간에 총공격을 실시하는 전략을 수립했다.

한 달 만에 부대 정비, 방어선 구축, 보급품 확보 등 부대를 정비하고 준비를 마친 리지웨이는 1951년 1월 25일 천둥작전으로 반격을 개시했다. 반격이 실패하는 최악의 상황을 가정해 전투 부대들이 핸드인핸드(Hand in Hand) 개념으로 적절한 간격을 철저히 유지하면서 천천히 북진했다. 일단 작전 목표가 달성되면 다음 단계의 작전을 시작하는 방식의 킬러-리퍼 작전(Killer-Ripper)으로 중공군을 압박했다.

지평리 전투에서 유엔군 한 개 연대 규모 병력으로 중공군 두 개 사단 병력을 격퇴하는 대승리도 거뒀다. 작전 개시 3개월 후에 수도 서울을 재수복했고, 공격을 계속해 철원, 춘천, 화천까지 전선을 북상시켰다. 리지웨이의 반격으로 전세는 다시 역전되었고 그가 확보한 전선이 오늘날 대한민국의 영토가 되었다.

리지웨이는 중공군의 연속적 공세 성공으로 유엔군이 붕괴된 최악의 상황에서 부임해 한 달 만에 반격을 실시해 전세를 역전시켰다. 그는 반격 과정에서도 항상 최악을 가정하고 대비하면서 실전에서 교훈을 얻는 방식으로 대처했다.

위기를 견디는
시나리오를 준비하라

|쉘| 오일쇼크를 가정한 시나리오로 초일류 기업으로 올라서다

시나리오 경영이란 위기 상황을 가정해 가상의 시나리오를 만든 후 각각의 대응책을 만들어 놓음으로써 불확실한 미래에 대처하는 경영 기법을 말한다.

이러한 시나리오 기법을 실무에 적용해 성과를 거둔 최초의 기업이 정유회사 쉘이다. 쉘은 시나리오 경영을 활용해 위기를 기회로 삼았고 세계적인 초일류 기업으로 성장하는 발판을 만들었다.

쉘은 1960년대에 75년 이상 생존한 기업들의 경쟁력에 대한 내부 검토에 착수했다. 장수 기업 중에서도 우량한 30개 사의 생존 비결은 재난을 정확하게 예측하진 못했지만, 재난 발생 가능성을 경쟁자들보다 먼저 알아차리고 대처한 것에 있다고 결론을 내렸다. 쉘은 여기에서 아이디어를 얻어 재난을 가정하고, 역으로 시나리오를 만들어 봤다. 그리고 재난을 예고하는 현상들의 목록을 정리하고, 실제 환경 변화가 비슷하게 진행된다는 가정하에 재난 발생에 대비하는 방식의 시나리오 경영 개념을 창안했다.

시나리오 작성은 미래에 예상되는 최악의 상황(전쟁, 석유 공급 중단 등)을 가정하고, 이에 대한 대응 전략을 마련하는 방식으로 진행되었다. 시나리오 방식에 따라 경영진들도 교육을 받았고, 시나

리오 방식의 사고에 익숙해지도록 모의 실험도 실시했다. 또한 '워 게임(War game)'이라는 시뮬레이션 프로그램을 개발해 돌발 사태에 대한 대처 방안도 사전에 수립했다.

쉘의 시나리오 경영은 1973년 오일쇼크가 터지자 그 진가를 발휘했다. 1960년대 후반 세계 석유 시장은 서구 메이저 회사들이 주도했고, 유가는 안정되어 있었지만 쉘은 유가 폭등을 가져올 수 있는 잠재적 위협에 주목했다.

쉘의 정보 분석에 따르면 1960년에 사우디아라비아, 이란, 이라크 주도로 결성된 석유수출국기구(OPEC, Organization of Petroleum Exporting Countries)가 정치적 성격을 강하게 띠는 것은 시간 문제였다. 저유가로 이익을 얻는 서방 석유 메이저 회사에 대한 반감과 더불어 이스라엘을 지원하는 서방 선진국의 외교 정책에 대한 불만이 커지고 있었기 때문이다.

유가 안정에 익숙한 상황에서 각국의 석유 비축량도 바닥권이었다. 쉘은 에너지 위기 가능성이 높다고 판단하고 시나리오를 작성했다.

시나리오의 핵심은 돌발 변수가 발생해도 유가 안정을 유지하기 위해선 중동 이외의 지역에서 대규모의 유전을 발견해야 하는데, 현실적으로 불가능하기 때문에 예측 가능한 미래에 OPEC이 정치적 이유로 석유 무기화를 들고 나온다는 내용이었다.

에너지 위기 발생 시기도 1975년 OPEC의 유가 재협상 이전이 될 가능성이 가장 높다고 예측했다. 최악의 상황에 대비하기 위해 쉘은 원유 비축량을 늘리고, 산유국과의 관계를 더욱 긴밀하게 유지해 나갔다.

1973년 10월 제4차 중동전쟁이 발발하고 쉘의 시나리오대로 오일쇼크가 발생했다. 유가는 천정부지로 올랐고 전 세계의 수많은 에너지 기업이 파산했다. 그러나 오일쇼크로 발생한 유가 급등과 원유공급 중단 사태는 쉘이 미리 연습했던 시나리오였으므로 치밀한 대응 방안이 준비되어 있었다.

쉘의 신속하고 체계적인 대응은 경쟁자들이 따라오기 어려운 수준이었고, 당시 7대 석유 메이저 회사 중 최하위였던 쉘은 오일쇼크를 계기로 2위까지 올라섰다. 그 후에도 쉘은 시나리오 경영을 정형화하고 정착시켜 전략적 계획(strategic planning)에 적극 활용하고 있다.

| 브리지스톤 | 패전까지 예상하고 운영해 회생하다

브리지스톤은 차량용 타이어 산업에서 굿이어, 미쉐린과 세계 시장을 주도하고 있다. 1988년, 미국 100년 역사의 파이어스톤을 인수하면서 세계 1위로 올라섰다.

창업자 이시바시 쇼지로는 원래 일본 전통 의상에 신는 버선을 만드는 장인이었다. 브리지스톤은 창업자의 이름 이시바시[石橋]를 영어로 바꾼 'Stone Bridge'를 'Bridge Stone'으로 순서를 바꿔 명

명되었다.

작은 버선 공방을 운영하던 이시바시는 고무신 제조업계로 진출해 대성공을 거둔다. 고무 제조 기술을 확보한 이시바시는 자동차 타이어에 주목한다. 자동차 보급에 따라 수요 증가가 예상되고 제품 단가도 높아 사업 규모도 크기 때문이었다.

1930년 일본 최초의 타이어 개발에 성공하고 이듬해 브리지스톤을 설립했다. 1932년 미국 자동차 회사 포드의 성능 시험에 통과했고 GM 대리점에 납품을 시작했다.

1941년 12월 태평양전쟁이 발발하고, 일본이 1942년 인도네시아 자바섬을 점령하면서 브리지스톤에게 예기치 않은 기회가 찾아왔다. 일본군이 자바섬의 미국 타이어 기업 굿이어 공장 운영을 위탁한 것이다.

최신 설비의 공장에서 제품을 생산하는 횡재였지만 이시바시는 신중하게 생각했다. 전쟁이 장기화될수록 일본이 이길 가능성은 낮아진다고 예상하고 언젠가는 굿이어에게 반환할 가능성을 염두에 뒀다. 이시바시는 공장 운영자에게 항상 청결하게 관리하고 설비 변경을 최소화하도록 지시했다.

1945년 8월 전쟁에서 일본이 패전했다. 굿이어는 인도네시아 공장을 되찾았고, 온전한 설비에 완벽하게 관리된 공장 상태에 감명받았다. 비록 적대국의 기업이었지만 굿이어는 좋은 관계로 협력을 지속했고 1951년 브리지스톤에 선진 기술을 전수해 줬다.

브리지스톤은 전쟁에서 위탁 운영을 맡은 적대국의 공장조차 철저히 관리하는 신뢰와 항상 최악의 상황에도 대비하는 창업자 이시바시의 기업가 정신이 있었기에, 후발 주자의 약점을 극복하고 세계 최대의 타이어 기업으로 성장할 수 있었다.

예고된 위기는 이미 반쯤 해결된 위기다

"예고된 위기는 위기가 아니다"라는 말처럼 위기는 불청객처럼 느닷없이 찾아온다. 또한 위기의 특성상 변화의 폭은 평상시의 예상 수준을 항상 넘어서게 마련이고, 위기가 닥치면 조직의 물질적, 정신적 인내력이 시험대에 오른다. 따라서 평소에 일반적인 범위를 넘어서는 리스크에 대한 검토와 최악의 상황을 가정하는 훈련이 필요하다.

세상은 돌고 돈다. 비슷한 패턴이 반복된다. 산업의 부침, 주식의 등락, 부동산 상승과 하락의 사이클, 원자재 수급의 변동 등 분야별로 각자의 패턴에 따라 변화한다. 어떠한 영역이든 상승기에 장밋빛 전망에 매몰되지 않고 위험성을 경계해 하락기에 공포 심리에 휩쓸리지 않고 기회를 엿보는 지혜가 필요하다.

지금은 디지털 기술이 촉발한 AI 혁명의 시기다. 커다란 기회가 있지만 동시에 위험도 큰 시기다. 사업이든 자산이든 최악의 상황을 가정하고 대책을 생각해 보는 자세가 필요하다.

나폴레옹은 전쟁터에 나갈 때 운이 나쁘다고 가정하고 사전에 철저하게 대비했다.

작전을 세울 때 나는 세상에 둘도 없는 겁쟁이가 된다. 나는 상상할 수 있는 모든 위험과 불리한 조건을 과장한다. 천천히 계획하고 빨리 실행하는 것이 관건이다.

사업가는 최악을 가정하고 최선을 추구하는 사람이다. 항상 최악의 상황을 염두에 둔 채 사전에 철저한 대비책을 세워 놓고 실전에 임해야 한다. 그렇지 않으면 일순간에 모든 것을 상실할 수 있음을 수많은 역사적 사례가 교훈으로 말해 주고 있다.

10장

적을
선택적으로 상대하라

강자는 무력화하거나 끌어들여라

겨울이 오면 춥다. 나도 춥고 다른 사람도 춥다. 하지만 그 추위의 정도는 사람에 따라 다르다. 겨울 날씨는 누구에게나 똑같을지라도 체질이 다르고 월동 준비 상태가 다르기 때문이다.

기업도 마찬가지다. 경기 후퇴가 오면 모두가 어렵다. 하지만 그 어려움의 정도는 같지 않다. 사전 준비와 기초 체력에 따라 생존력에서 차이가 난다. 취약한 기업은 호경기에 잠복하던 문제가 불경기가 오면 표면화되면서 생사의 갈림길에 선다. 생존을 위한 기초 체력을 비축한 기업에게 불경기가 저위험 고성장을 준비할 수 있는 절호의 기회가 되는 것이 바로 이 때문이다.

대개 업종별로 3위 이내의 기업은 불경기가 와도 견딜 수 있는 힘이 있다. 그러나 4위 이하의 시장 추종자나 신규 진입자들은 처절한 생존의 시험대에 서고 산업 재편은 필연적으로 따라온다.

정치적 변동이 크거나, 경제적 불황기에는 판도 변화가 극심하게 일어난다. 이 시기의 당면 과제는 생존이지만, 생존 방식에 따라 위기 후의 운명은 달라진다. 자신과 비슷한 약자들과 연합해 생존력을 강화하는 방법, 자신보다 약한 적을 공격해 세력을 키우는 방법, 강자와 이해관계를 일치시켜 살아남는 방법 등 다양한 전략을 구사할 수 있다.

중요한 점은 위기 상황일수록 선제적으로 전략을 수립하고 주도적으로 행동해야 한다는 것이다. 각자 생존에 바쁜 위기 상황에서 수동적 대응은 문제를 더욱 악화시킬 뿐이다.

약자는 정면으로 제압하라

| 진흥왕 | 과거의 동맹국을 공격해 삼국통일 초석을 놓다

신라 진흥왕은 백제와 함께 군사 강국 고구려를 공격해 승리를 거둔 후 백제까지 제압하고 한강 유역을 포함한 한반도 중부를 석권했다. 신라는 이로써 한반도 동남부 변방 약소국에서 한반도 주도 세력으로 도약했다. 국가의 장기 전략적 차원에서 냉혹한 전략가로서 협력과 배신을 거듭하며 삼국통일의 기반을 닦았다.

고구려는 광개토대왕이 만주 서북 방면을 정복하고 요동 지역까지 평정해 동북 지역의 군사 강국 패권자로 자리를 굳혔다. 이어 남쪽으로 방향을 돌려 기존 한반도 중부를 장악하고 있던 백제를 공격해 한반도 중부의 한강 유역까지 진출했다.

한반도 동남부의 약소국으로 백제와 긴장 관계였던 신라는 한반도로 진출한 고구려와 직접 접촉했고 적극적으로 연계하려 했다. 400년 한반도 중부와 남부의 주도권 약화를 우려한 백제가 신라를 공격했고 신라는 고구려에 구원을 요청했다. 고구려는 원군을 파견해 백제를 몰아 내면서 신라를 영향권에 편입했다.

광개토대왕의 아들 장수왕은 427년 수도를 압록강 유역의 국내성에서 한반도 북부의 평양으로 이전하면서 남진 정책을 더욱 강화했다. 같은 해 고구려가 한강 이남 위례를 수도로 하던 백제를 공격해 백제는 남쪽의 금강 유역 웅진으로 밀려났다.

고구려의 한반도 패권이 확립되면서 서로 적대하던 백제와 신라에는 동시에 안보 위기가 찾아왔고 생존을 위해 433년 후일 나제동맹(羅濟同盟)으로 불리는 동맹 관계를 수립했다. 고구려 위협의 증대에 비례해 양국의 관계는 가까워졌다. 493년 백제의 동성왕은 신라에서 왕비를 맞아들이고 군사동맹으로 발전했다.

551년 신라와의 관계가 안정되자 백제 성왕은 한강 유역 수복을 위해 신라, 가야 군대와 연합해 고구려를 공격했다. 승전 후 사전 약속대로 백제는 한강 하류 지역, 신라는 한강 상류 지역을 차지했다. 그러나 진흥왕은 2년 후 동맹국 백제를 공격해 한강 하류 지역을 확보했다. 국가 이익을 위해 120년 동안의 동맹 관계를 파기하고 배신했던 것이다. 수량이 풍부하고 교통이 편리한 한강 유역은 중국과 교류하는 주요 항구인 당항성도 있어 대외 무역의 중심지이기도 했다.

배신에 격노한 백제 성왕은 554년 신라를 공격했지만 관산성에서 오히려 왕이 전사하는 대패를 당하면서 한반도 중부는 신라의 권역으로 확정되었다.

진흥왕이 확보한 한강 유역으로 신라는 한반도 동남부 변방의 약소국에서 중부 요충지를 장악한 강력한 세력으로 도약했다. 신라 삼국통일의 출발점은 여기서 만들어졌다.

| 베네치아 | 이해관계자들과 위험을 공유해 번영하다

베네치아의 역사는 6세기에 시작되었다. 567년 야만족에 쫓긴 로마인들이 정착한 리알토섬을 중심으로 발전하던 베네치아는 지중해 통상권을 장악하고 동서양 중계 무역의 중심지로 부상하면서 번영을 구가한다. 베네치아의 전성기는 15세기였다. 베네치아는 부존 자원은 고사하고 갯벌 위에 서 있는 까닭에 존립 자체도 어려운 도시였다. 이러한 도시가 최강국 대열에 오를 수 있었던 것은 자국의 차별적 경쟁력을 끊임없이 찾는 합리성과 정확한 정보에 바탕을 둔 노련한 외교술 덕분이었다.

 격변의 시대, 위기를 지배하라

초기 베네치아는 동로마 제국과 이슬람 국가들 사이의 무역을 주선함으로써 부의 기틀을 확립해 나갔다. 동로마 제국은 표면적으로 이슬람 세력과 전쟁을 벌였지만 실제로는 그들과 동방으로부터 유입되는 비단, 후추 등의 무역으로 이익을 얻으려 했다. 이슬람 세력 또한 동로마의 발달된 문물을 받아들이고 싶어 했다.

하지만 적대적인 두 세력이 직접 거래를 하기에는 불편한 점이 많았다. 베네치아는 이러한 상황을 정확히 파악하고 양자를 연결하는 중계 무역에 적극적으로 나섰다.

중계 무역의 기반이 잡히자 베네치아는 국제 무역 투자단의 개념을 도입했다. 서유럽 국가들의 조달한 투자금으로 무역선을 건조해 운영하는 방식이었다. 이는 군사력이 빈약한 베네치아에 무척 유용한 전략이었다.

베네치아 무역선에 투자한 독일, 프랑스 등 주변 강국들은 자신들의 이익을 위해 베네치아를 보호해 줬다. 베네치아 무역선이 침몰할 경우 손해 보는 것은 바로 자신들이었기 때문이다.

베네치아는 성지 순례 또한 국가를 키우는 수단으로 활용했다. 베네치아 무역선에 동방으로 가는 순례자를 태워 돈도 받고 안전도 확보하는 일거양득이었다. 신의 뜻에 충실한 순례자들이 타고 있다는 명분까지 확보한 베네치아 무역선은 기독교 국가들이 공동으로 보호하는 선박이 되었다.

그런데 이슬람 세력과 거래하고 성지 순례 사업까지 운영하는 베네치아에 대해 로마 교황청의 시선은 곱지 않았다. 베네치아가 무역으로 성장하면서 자연히 겸영하게 되는 금융업은 종교적으로 금지하는 사업이었다.

이런 상황에서 베네치아는 유대인들을 일종의 금융 분야 대리인으로 활용한다. 유대인들은 가톨릭 교회법이 아니라 유대교 율법을 따르기에 유대인들의 금융업은 종교적 문제가 없었다. 기독교 성경에서 유대인은 예수를 죽인 사람들이라 해 유럽 국가에서는 유대인들을 핍박했지만, 베네치아는 유대인과도 상호 분업하는 전략적 제휴 관계로 사업을 활성화시켰다.

영원한 적도, 영원한 동지도 없다

| 토요타 | GM과 제휴로 각자도생의 길을 찾아내다

1980년대는 자동차 산업의 격변기였다. 1973년 중동 산유국에서 발생시킨 1차 오일쇼크로 인한 석유 가격이 급등은 자동차 산업에도 직접적인 영향을 끼쳤다.

미국은 대형 차량의 판매가 급감했고 일본산 소형 고연비 차량의 판매가 급증했다. 소형차 제조 기술이 없는 미국 기업은 속수무책인 상태에서 일본산 자동차가 미국 시장에 쏟아져 들어왔다. 미

국 정부는 일본산 자동차 수입 규제를 실시했지만, 그렇다고 미국 자동차가 판매되지도 않았다. 이러한 교착 상태에서 경쟁 관계인 일본의 토요타와 미국의 GM은 1984년 합작 공장을 세운다.

토요타는 미국 현지 생산으로 수입 규제를 우회하는 목적이었고 GM은 고질적인 낮은 생산성과 품질 불량 해결을 위해 토요타의 효율적 생산 방식을 습득하려고 했다.

생존을 위한 적과의 동침으로 모두 살아남았다. 2010년까지 26년간의 합작 공장 운영을 통해 토요타는 미국 공장 운영의 소중한 경험을 축적했고, GM은 일본의 효율성을 습득해 회생의 발판을 만들었다.

1980년대 초반 GM은 붕괴 위기에 몰려 있었다. 일본 차의 공세가 직접적 원인이었지만 근본적으로 극심한 노사 갈등으로 낮은 생산성, 높은 품질 불량이 문제였다. 직원 결근율이 높고 빈번한 파업으로 정상적 공장 가동이 어려운 상황이었다.

일본 토요타도 미국 판매가 위기 상황이었다. 미국은 일본 자동차 수입 자율 규제(Voluntary Export Restraint, VER)를 실시해, 일본에서 생산한 자동차의 미국 수출에 강력한 규제가 가해졌다. 토요타는 미국 생산이 절실한 상황이었다.

GM은 미국 정부의 규제 효과는 일시적이고 근본적으로 생산성을 높여야 생존 가능하다고 판단했고, 일본 자동차 회사의 효율적 생산 방식의 학습이 절실했다.

GM이 먼저 토요타에 미국 공장의 공동운영을 제안했다. 미국에 생산 공장이 절실한 토요타로서도 GM과의 협력은 명분과 실질에서 모두 반가운 제안이었다.

서로 경쟁자인 양자는 생존을 위한 협력을 합의하고 1984년 폐쇄되었던 GM의 캘리포니아 프리몬트 공장을 대상으로 선정했다. NUMMI(New United Motor Manufacturing, Inc.)로 명명된 공장의 지분율은 50%씩, 경영진은 토요타, 직원은 GM의 구조로 토요타와 GM 차종 일부를 생산하기 시작했다.

토요타 생산 방식인 JIT(Just-in-Time)으로 재고 최소화, 칸반 시스템으로 부품과 공정 흐름의 시각적 관리, 팀 기반 조직으로 품질 관리 향상 등의 프로그램이 대대적으로 이식되었다.

NUMMI의 성과는 경이적이었다. 생산량이 초기 월 3천 대에서 1만 대 이상으로 세 배 이상 늘었고 품질도 일본 토요타 공장에 근접하는 수준으로 향상되었다. 미국식 파업과 무단 결근, 약물 문제 등도 사라지고 일본식 노사 협력 문화가 생겨났다.

GM은 NUMMI에서 배운 토요타 시스템을 전체 공장으로 확대해 제조업 경쟁력을 회복했다. 토요타는 미국 공장 운영 및 노조 관계에 대한 경험을 획득하고 이후 텍사스, 켄터키 등의 공장 설립과 운영에 활용했다.

NUMMI는 경쟁자들이 서로 생존을 위해 협력해 세계 최악의 공장을 세계 최고 품질 공장으로 재탄생시킨 글로벌 협력의 모범

 격변의 시대, 위기를 지배하라

으로 소위 '적과의 동침(Co-Opetition)'의 대표적 사례로 평가받는다. 2010년 협력 관계 종료로 폐쇄된 NUMMI 공장은 테슬라가 인수해 테슬라 프리몬트 공장으로 재탄생해 세계 최대 규모의 전기차 생산 공장으로 운영되고 있다.

| 애플 | MS의 지원으로 파산 위기에서 벗어나다

1997년 애플은 파산 직전이었다. 애플의 데스크탑 시장점유율은 3%대로 추락했고 대규모 적자 지속으로 보유 현금은 3개월 운영비에 불과했다.

매킨토시의 차세대 운영 체제인 코플랜드는 개발에 실패했고, 기존 운영체제는 시대에 뒤떨어졌으며, 부족한 보안 기능으로 경쟁력을 상실했다. 경쟁사인 MS는 시장을 지배하는 사무용 응용프로그램인 MS-오피스의 매킨토시용 개발 중단을 고려하고 있었다.

스티브 잡스 축출 이후 취임한 세 명의 CEO는 기술과 시장에 대한 이해가 부족했고, 진부한 마케팅에 자원을 낭비하면서 회사는 방향을 상실한 상태였다. 잡스가 복귀했지만 구조조정과 사업 재구축을 위한 자금과 시간이 절대적으로 부족했다. 절망적 상황에서 잡스는 MS의 빌 게이츠에게 자금을 조달하는 승부수를 던졌다.

최대의 경쟁자이자 과거 매킨토시 운영 체제(Mac OS)의 마우스와 아이콘을 사용하는 그래픽인터페이스(GUI)를 MS의 윈도우가 표절했다는 대규모 소송을 제기한 적대적 관계였다.

그러나 잡스는 게이츠를 방문해 1억 5천만 달러의 투자를 유치해 급한 불을 껐다. 핵심 합의 조건은 모든 특허 관련 소송을 취하하고 매킨토시의 기본 브라우저로 MS의 인터넷 익스플로러(Internet Explorer)를 탑재한다는 것이었다.

MS도 적대적 경쟁자인 애플을 지원할 이유가 있었다. MS는 데스크탑 운영체제 시장의 90% 이상을 점유하는 상태에서 만약 애플이 파산하면 미국 정부의 반독점 규제에 걸려 회사가 해체될 위험성이 있었다. 또한 윈도우 OS에 기본 탑재되는 인터넷 브라우저인 인터넷 익스플로러가 넷스케이프 등 다른 제품과의 공정한 경쟁을 저해한다는 문제도 제기된 상태였다.

협상 내용은 복귀 1개월 후에 열린 맥월드 보스턴(Macworld Boston)에서 잡스가 직접 발표하고 대형 스크린에 등장한 게이츠가 공식적으로 확인했다. 세계 정보기술 산업 역사의 상징적인 순간이었다.

적대적 경쟁 관계였던 두 회사는 생존을 위한 '적과의 동침', 서로 협력해 상호 이익을 얻은 교과서적 사례가 되었다. 애플은 기사회생했고 MS도 반독점 문제를 피해 성장을 지속했다. 숨을 돌린 애플은 이후 아이튠즈, 아이팟, 아이폰, 아이패드 등 플랫폼-디바이스-컨텐츠를 연결하는 디지털 생태계를 구축하며 독보적인 위치로 올라섰다. MS도 독점 규제를 회피하고 급성장하는 PC 시장에서 윈도우 OS와 MS-오피스를 주력 제품으로 고속 성장했다.

   격변의 시대, 위기를 지배하라

강자와 약자는 생존 방식이 같을 수 없다. 자존심만 내세우는 약자는 생존하기 어렵고, 관용 콤플렉스에 매몰되어 자신의 힘을 활용하지 못하는 강자는 지위를 유지하기 어렵다.

기원전 5세기 고대 그리스 펠로폰네소스전쟁 때 아테네와 밀로스 간의 전쟁 과정은 이러한 교훈을 잘 나타낸다. 당시 그리스는 스파르타, 아테네의 양강 체제였고 다른 군소 폴리스들이 병존했다. 두 나라는 자신들이 주도하는 동맹에 여타 폴리스들을 끌어들이려 애썼고 이런 와중에 아테네는 인근의 중립 폴리스인 밀로스에 사절단을 파견해 동맹 참여를 권유했다.

밀로스는 다섯 가지 이유를 들면서 이를 거절했다.

첫째, 전례가 된다. 강국 아테네가 밀로스를 힘으로 강요하는 것은 나쁜 전례다. 둘째, 스파르타가 밀로스를 도울 것이다. 셋째, 중립국을 공격하는 것은 정의가 아니다. 넷째, 신은 정의로운 밀로스의 편이다. 다섯째, 우리는 명예를 걸고 싸울 것이다.

이에 아테네 대표단은 다음과 같이 반박했다.

첫째, 전례가 된다. 강국 아테네 사절단이 밀로스를 설득하거나 굴복시키지 못한다면 웃음거리의 전례가 된다. 둘째, 육지 패권국 스파르타는 섬 도시인 밀로스에 관심이 없다. 셋째, 동맹 참여는 정의가 아니라 편의의 문제다. 넷째, 아테네의 신은 우리를 돕는다. 다섯째, 약자가 명예를 걸고 싸우는 것은 용기가 아니라 오만이다.

협상이 결렬된 후 밀로스는 아테네의 공격을 받아 멸망했다.

위기 시의 생존 방식은 각자 입장에 따라 독자 생존, 연합 구조 수립, 전략적 제휴 등 다양하게 나타난다. 중요한 것은 밀로스의 패망이 주는 '눈을 크게 뜨고 현실을 그대로 보라'라는 교훈이다.

 격변의 시대, 위기를 지배하라

11장

심리를 장악한 쪽이
승리한다

리더의 진짜 무기는
소프트 파워다

상대방이 있는 모든 일은 일종의 게임 형식으로 진행된다. 사업이나 협상도 상대방의 의도를 파악해 자신의 이익이 극대화되도록 결정하는 상호 게임의 반복 과정이다.

그러나 감정을 가진 사람이 항상 합리적인 것은 아니다. 또한 합리적인 개인도 군중이 되면 비합리적으로 변할 수 있다. 군중심리가 발동하면 그 폭발적인 에너지는 사뭇 파괴적인 수준으로 치닫는다.

탁월한 리더는 조직원의 심리를 적절하게 활용할 줄 아는 역량이 있다. 특히 조직원의 집단심리는 단순한 측면이 있기 때문에 이런 부분까지 감안해 심리를 조율하고 에너지로 만든다. 반면 무능한 리더는 쓸데없는 언행으로 조직원들에게 불필요한 반감을 사고

또 사기를 떨어뜨린다.

마음가짐에 따라 개인의 인생이 달라지듯 조직원의 마음가짐에 따라 경쟁력의 차이를 보이는 것은 당연하다. 따라서 리더가 가진 소프트 파워의 핵심은 심리를 이해하고 다룰 줄 아는 능력이다. 특히 위기 상황에서는 조직원의 심리도 불안정해진다. 심리적 불안정은 리더에게는 양날의 칼이다.

의도한 방향으로 분출시키면 엄청난 에너지를 발휘할 수 있지만, 반대로 가면 조직 자체를 붕괴시키는 분열의 에너지가 된다. 따라서 위기를 헤쳐나가는 리더는 먼저 심리전에서 이겨야 한다.

정세 판단과 심리전이 결합되면 필승이다

| 서희 | 정확한 정세 판단으로 협상력을 극대화하다

고려는 918년 건국 이후 최대의 위기를 맞는다. 중국에서는 당(唐)나라가 멸망하고 오대십국의 혼란기가 시작되었다. 중국의 정치적 분열 속에서 북방 거란이 세운 요(遼)나라가 군사 강국으로 급부상했다. 송(宋)나라가 중국을 통일하면서 요나라와 대립 구도가 형성되었다. 송과 고려가 친교를 맺자 요는 고려를 침공해 배후를 안정시키려 했다.

993년 요나라 장수 소손녕이 10만 군사로 압록강을 건너 고려를 공격했다. 요나라의 전략 목표는 고려와 송을 분리시키고 요나라 중심의 북방 질서로의 편입이었다.

고려와 요는 청천강 방어선에서 대치하면서 외교적 협상이 시작되었다. 고려의 서희는 요나라의 의도와 상황을 정확하게 판단하고 명분을 내세워 협상을 이끈다. 고려의 입장을 수용한 요나라는 철군하면서 고려의 강동 6주에 대한 지배권도 인정했다.

고려는 평안도와 함경도 남부까지 진출하면서 북방 권역을 확정했다. 국제 정세, 적국의 전쟁 의도, 적군의 심리를 아우르며 대의 명분과 정교한 논리로 접근한 외교 전술과 심리전으로 전쟁을 피하고 영토를 넓히고 국경을 안정화시킨 기념비적인 성과였다.

당나라의 직접적 패망은 지방 절도사들의 발호였다. 변방의 군사령관-행정관으로 출발한 절도사는 시간이 흐르면서 지방 권력으로 변모했다. 쇠락하는 당나라가 내부 분열과 부정부패로 중앙 권력이 약화되자 지방 절도사들이 각자 왕과 황제를 칭하면서 907년 패망했다.

중국 북방에서는 70여 년 동안 다섯 개의 단명 왕조가 교체되었고, 남방에서는 열 개의 국가가 병존하는 72년간의 혼란기를 오대십국이라고 일컫는다. 이 시기에 북방의 거란족이 건국한 요나라가 급성장했고, 936년에는 중국 북방 지역의 내전에 개입해 전리품으로 연운 16주라 불리는 현재 베이징 북방의 전략적 요충지까지 확보한다. 한반도에서는 통일신라의 평화 시기가 종료되고 신라-후백제-후고구려의 후삼국 시대로 진입했다.

중국에서는 북방 오대의 후주(後周) 장수 조광윤이 960년 송나라를 건국하고 979년에는 중국을 통일한다. 통일 왕조 송나라의 등장으로 국제 정세는 급변했다.

중국의 분열과 내전으로 막대한 정치-군사적 이익을 향유하던 요나라에게는 강적의 등장이었고, 송나라 입장에서 북방의 요를 제압해야 안정적 국정 운영이 가능했다. 936년 한반도를 재통일한 고려는 중국의 정통성을 가진 송나라로 접근했다. 고려는 발해를 멸망시킨 요에 대해 적대적 입장이었다.

요는 송나라와의 대결 구도가 형성되면서 배후를 안정시키고자 993년 고려를 침공했다. 평안북도 지역을 장악한 요나라 지휘관 소손녕은 고려의 청천강 방어선에서 전선이 교착되자 일단 공세를 중단했다.

강화 조건으로 요에 고구려의 영토였던 서경(西京, 현재의 평양) 이북을 넘기라고 요구했다. 요나라가 과거 고구려 영토에 수립되었고 발해를 편입해 정통성을 계승했다는 명분이었다. 또한 송나라와 관계를 단절하고 요나라에 대한 조공을 요구했다. 영토 할양, 조공 관계 등 모두 수용하기 어려운 조건들이었다. 고려는 전쟁과 항복의 갈림길에 섰다.

고려 조정에서는 난상토론이 벌어졌지만 진퇴양난이었다. 방어

전을 펼치더라도 막대한 피해가 예상되었고, 항복하면 영토를 빼앗겨야 했다. 이러한 위기의 순간에 서희가 외교를 통한 사태 해결을 주장했다.

요나라의 주요 관심사는 송나라와의 전쟁이고 고려는 사전 대책에 불과했다. 따라서 요나라는 고려와 장기전으로 전투력을 소모할 이유가 없었다. 단기전이 무산되고 청천강 방어선으로 교착된 상태에서 오히려 요나라는 적당한 명분과 실리만 챙기면 조속한 철군을 희망할 것이었다.

고려왕 성종은 서희를 협상단의 대표로 파견했다. 서희는 소손녕의 심리를 철저히 활용한다. 일부러 협상장에 늦게 들어가 소손녕의 심기를 건드리고 회담장 좌석 배치, 참석 인원 등의 지엽적 문제로 시간을 끌었다.

소손녕은 말했다. "당신 나라는 신라에서 일어났고, 우리는 고구려 옛 땅에서 일어났으니 고구려 땅은 우리 것이오." 서희는 반박했다. "우리 국호는 고려요. 고구려를 계승하니 국호가 고려이고, 고구려 수도 평양도 현재 우리 땅이오. 그렇다면 귀국 수도인 동경도 옛 고구려 영토이니 우리에게 내 놓아야 할 것이오."

소손녕은 다시 물었다. "우리와 이웃하면서 바다 건너 송을 섬기는 이유가 무엇이오?" 서희는 답변했다. "여진이 중간에서 가로막아 교통할 수 없었소. 여진을 내쫓는다면 요에 사대하겠소."

소손녕은 요와 고려가 사대 관계를 수립하고 조공을 받는 조건

　격변의 시대, 위기를 지배하라

으로 철군하고 압록강 유역을 고려의 영토로 인정하기로 약속했다. 서경 이북 땅을 넘겨 주는 상황에서 도리어 압록강 유역을 고려로 편입하는 성과였다. 비록 송과의 외교 관계를 단절하는 조건이었지만 고려는 실리를 최대한 확보했다.

서희는 요나라의 전쟁 목적과 의도, 현재 입장을 정확히 이해하고 있었다. 요나라의 최대 관심사는 송나라였고, 고려와 송나라의 연합을 가장 우려하고 있었다. 적국의 요구 조건을 정확히 이해하고 협상을 진행해 고려는 외교적 방법으로 전쟁을 종결시켰다.

| 엘리자베스 1세 | 외교전으로 대영제국 기반을 만들다

엘리자베스 1세는 내부적 종교 갈등, 권력 기반 분열, 프랑스와 스페인의 침략 가능성, 외교적 고립이라는 위기적 상황에서 영국의 왕으로 즉위했다.

가톨릭 교도인 친언니 메리 1세를 유폐시키고 왕위에 오른 개신교도로서 당시 영국의 종교 갈등, 권력 투쟁의 중심으로 기반이 취약했다. 또한 당시의 강대국 스페인과 프랑스는 노골적으로 영국 침략 의도를 표명하고 있었다.

25세의 처녀 여왕은 치밀한 심리전에 기반한 외교와 내치를 펼쳤고, 심지어 평생 독신으로 44년간 재위하면서 자신의 결혼까지도 국제 관계의 협상 카드로 활용했다. 프랑스-스페인을 상호 견제하도록 유도해 안보적 위협을 경감시켰고, 1588년에는 스페인의 무적함대를 격퇴하고 해양 패권국으로 올라섰다.

엘리자베스 1세는 유럽 변방의 섬나라 영국을 유럽의 신흥강국으로 도약시켰고 후일 전 세계 패권을 확보하는 대영제국으로 발전하는 기반을 마련했다.

엘리자베스 1세는 헨리 8세의 딸로 태어났다. 헨리 8세는 여섯 번 결혼하고 두 명의 왕비를 참수시키는 기행 및 로마 가톨릭과 절연하고 영국 국교회를 창설한 것으로 유명하다.

어린 시절 왕위계승권도 인정받지 못하고 살해 위협이 상존했다. 부친 헨리 8세가 세상을 떠나고 이복 남동생 에드워드 6세가 왕위를 이었으나 단명하고 이어서 이복 언니 메리 1세가 즉위했으나 가톨릭 복귀 등으로 종교 갈등에 기인한 극심한 내부 분열이 발생했다.

엘리자베스 1세는 메리 1세를 축출하고 왕위에 올랐으나 영국은 내치와 외교, 군사력 등 모든 분야에서 만신창이로 국가 위기 상태였다. 축출된 메리 1세의 외가인 스페인은 막강한 해군력으로 영국을 위협하고 있었고, 인접한 프랑스도 호시탐탐 영국 왕위를 노리고 있었다. 엘리자베스 1세는 심리전, 외교전, 정치전을 복합적으로 구사했다.

외교전의 핵심은 스페인, 프랑스, 스코틀랜드 연합의 방지였다. 스페인은 네덜란드의 반란 세력과 내전 상태였다. 은밀하게 네덜란드에 자금과 병력을 지원하면서 스페인의 발목을 잡는 대리전

　　격변의 시대, 위기를 지배하라

(proxy war)을 지속했다. 그리고 프란시스 드레이크 등 해적들에게 공식적인 약탈 면허(Privateer)를 부여해 신대륙의 주요 항구를 습격하고 스페인으로 이송되는 황금을 약탈해 보급로를 약화시켰다.

영국의 도발에 분노해 쳐들어온 스페인 무적 함대에게 영국해협에서 대승리를 거뒀다. 당시 출진하던 영국 해군에게 런던 템즈강에서 "나는 약한 여자의 몸이지만, 왕의 심장과 용기를 가졌다"라는 연설로 병사들의 사기를 치솟게 만든 일화는 유명하다.

이후 1600년에 동인도회사를 설립해 유럽-아시아의 무역 네트워크를 구축하고 스페인의 신대륙 무역과 포르투갈의 동방무역 독점 구조를 해체시켜 후일 대영제국 세계 패권의 초석을 놓았다.

프랑스는 가톨릭과 개신교(위그노)의 종교 갈등을 증폭시켜 내전 상태에 묶어 두는 심리-기만전을 펼쳤다. 프랑스 왕실에 대해 표면적으로 중립-협력하지만 실제로는 양측 모두와 은밀한 지원과 배신을 거듭하면서 수렁으로 밀어 넣었다. 분열된 프랑스는 영국의 안전을 의미했다.

심리전의 백미는 엘리자베스 1세의 결혼 카드였다. 영국을 통치하는 처녀 여왕과의 결혼은 유럽 왕실 모두가 고대하는 기회였다. 프랑스 왕실은 영국과의 결혼동맹을 열망하고 있었던 반면 스페인은 프랑스-영국의 결혼동맹 성사에 따른 유럽의 주도권 상실을 우려했다. 이외 오스트리아, 스웨덴 등 여러 왕자와 혼담을 진행시켜 기대에 부푼 유럽 주요국들은 영국에 대한 적대적 행위를 자제했다. 국내적으로도 영국의 유력 귀족 가문들과의 결혼을 시사하는 방식으로 귀족 세력들을 기만했다. 엘리자베스 1세는 실제 결혼을 하지 않고 결혼을 외교와 내치의 다목적 카드로만 활용하는 심리전의 달인이었다.

엘리자베스 1세는 정치 외교적으로 상대방과 직접 충돌을 피하면서 모든 경쟁자를 조정하고, 상대방의 의도와 욕망, 두려움을 역이용하는 심리전 기반의 균형 전략(Balance of Power)을 구사했다.

| 채명신 | 전투력과 심리전을 융합한 베트남전쟁의 명장

채명신 장군은 한국전쟁의 영웅이자 베트남전쟁의 전설이다. 창의적 전술, 솔선수범의 리더십으로 한국전쟁에서는 정규 부대의 지휘관으로 탁월한 역량을 발휘했고 빨치산 토벌 및 적 후방 침투 게릴라전에서도 많은 전과를 거뒀다. 적 후방에서 게릴라가 되기도 하고 아군 후방에서 대게릴라전도 수행했다.

베트남전쟁에서는 주월 한국군 총사령관으로 베트콩을 상대로 정규전 및 비정규전 모두에서 많은 승리를 거뒀다. 심리전을 중시해 베트남에서도 현지인과 우호적 관계를 구축하고 협조를 얻어 작전을 성공시키는 전범을 확립했다. "100명의 베트콩을 놓치더라도 한 명의 무고한 주민이 피해를 보지 않아야 한다"라는 방침은 당시 한국군 사령부가 실시하는 대민 작전의 원칙이었다.

일제 강점기 황해도에서 태어나 평양사범학교 졸업 후 교사로

    격변의 시대, 위기를 지배하라

재직하다가 1947년 월남했다. 육군사관학교 5기로 졸업하고 소위로 임관 후 1948년 제주도 주둔하는 보병 9연대 소대장으로 부임했다. 공산당 조직이 침투한 9연대는 연대장이 좌익 계열 병사에게 사살당하는 상황이었고, 채 소위도 부임 당일 밤 암살 시도가 있었다. 직속 중대장이 침투한 공산당원으로 암살 주도자였다.

절체절명의 위기에서 소대원들을 진심으로 대하며 마음을 얻었고, 소대원들은 교대로 비밀 경호를 해 신변을 지켰다. 회고록에서 제주 복무 시절을 "제주에서 총보다 마음이 먼저 움직여야 한다는 점을 배웠다"라고 기록했다.

1949년 11월 남파된 공산 게릴라 토벌 작전으로 태백산의 25연대에 부임했다. 남파된 북한군과 지역 빨치산이 연합해 게릴라전을 펼치고 있었다. 국군은 열악한 보급과 장비에 해이한 군기로 오합지졸이었다.

그는 먼저 병사들을 잘 먹이고 잘 입히고 잘 재우면서 마음을 얻은 후 엄정한 군기를 세웠다. 규율 잡힌 군대에 현지인들도 협조적으로 변하면서 현지 조달하는 물자와 정보가 차단된 공산 게릴라는 소탕되었다.

한국전쟁 중에는 중대장, 대대장, 연대장으로 활약한다. 특히 백골병단으로 불리는 500명 규모의 유격대 지휘관으로 적 후방에 침투하는 교란 작전을 활발히 펼쳤다. 유격대 활동 중 1951년 3월 강원도 인제 지역에서 북한군 중장으로 조선공산당 제2비서이자 대

남유격대 총사령관 길원팔을 생포하고 자결시켰다.

한국전쟁 휴전 이후 군 복무를 계속해 1963년 소장으로 진급한다. 미국의 요청으로 베트남 파병이 결정되면서 주월 한국군 총사령관으로 부임해 5만 명을 지휘한다.

그는 게릴라인 베트콩에 대해 미군이 실시하는 기동과 화력 중심 전투 방식으로는 한계가 있다고 판단했다. 게릴라전의 경험으로 도출한 전술 개념은 '중대 단위로 거점을 만들어 정면 충돌보다 봉쇄와 기습 위주로 작전을 실행하고 민사 작전(Civil Affairs)으로 주민 신뢰를 확보'하는 방식이었다.

한국군이 현지인에 대해 의료 지원, 모내기-추수 등 농사 지원, 학교-도로 등 건축토목공사 지원을 실시하면서 우호적 분위기를 조성했다. 또한 중대전술기지를 공격하는 베트콩과 월맹 정규군을 효과적으로 격퇴하면서 한국군의 전투력에 대한 명성도 높아졌다.

채명신 장군은 정규전과 비정규전에서 모두 탁월한 역량을 발휘한 명장이었다. 정규전에서는 풍부한 보급과 엄정한 군기로 장병들의 마음을 얻었고, 비정규전에서는 현지인에 대한 봉사와 지원으로 민심을 얻었다. 군인이면서도 그의 신념은 "무력은 최후의 수단이며, 지역민을 이해하고 먼저 설득하는 것이 진정한 군사력이다"였다.

 격변의 시대, 위기를 지배하라

대중의 감정은
설계할 수 있다

| 손숙오 | 수레가 아닌 문지방을 높여 군사용 전차를 확보하다

중국 춘추전국시대 남방의 후진국이었던 초(楚)나라는 기원전 7세기 장왕 대에 패권국으로 부상했다. 양자강 유역의 광대한 습지를 대규모 토목공사로 농지로 전환해 경제적 기반을 확보하고 북방의 선진문물을 받아들여 제도를 정비한 결과였다.

장왕을 도와 부국강병을 이룬 재상 손숙오는 청렴하면서도 유능하고 지혜로운 인물로 순리를 따르며 백성들에게 규율을 강요하지 않는 정책을 추진하면서 많은 일화를 남겼다.

당시 수레는 전쟁 시에 전차로 전환되는 전략물자였다. 높이가 낮은 수레는 승차감은 좋지만 야전의 험지를 달려야 하는 군용 전차로는 사용하기 어려웠다.

앉은뱅이 수레의 유행을 우려한 장왕은 높이를 올리라는 명령을 내리려 했다. 그러자 손숙오가 건의했다.

아래로 영을 너무 자주 내리면 백성들이 무엇을 따라야 할지 모르게 되니 안 될 일입니다. 왕께서 꼭 수레를 높이고 싶으시다면 마을 앞의 문지방을 높이시지요.

왕이 허락하자 반년 만에 수레의 높이가 모두 올라갔다.

손숙오는 사안의 본질을 이해하고 있었다. 귀족들이 오르내리기 편해 사용하는 낮은 수레는 말에게 부담을 주고 군용 전차로는 부적합했다.

그런데 편안함을 추구하는 인간의 본성을 왕의 명령으로 변화시키기는 어렵기에 강제로 수레를 높이려 하지 않고 낮은 수레를 타고 다니기 불편하게 만들었다. 마을 문지방을 높이긴 쉽기에 쉬운 일로 어려운 일을 처리한 소위 '넛지'다.

1950년대에 태동한 행동경제학은 인간 행동의 경제적 동기와 심리적 기제를 융합해 경제학의 새로운 지평을 열었고 2017년 리처드 탈러 교수가 노벨 경제학상을 수상하면서 다시금 세간의 관심을 모았다.

베스트셀러 『넛지』로 일반인들에게도 친숙한 그는 '자유주의적 개입주의'를 설파한다. 더 나은 선택을 유도하고자 금지와 명령이 아닌 팔꿈치로 옆구리를 툭 치는 듯한 부드러운 권유로 사람들의 행동을 변화시키는 것이다.

행동경제학은 20세기 후반에 들어 합리적 인간에게서 관찰되는 감성적이고 비합리적 선택의 배경을 심리학적 관점에서 이론적으로 규명했지만 실제 역사는 길다. 동서고금을 막론하고 인간의 행동이란 경제적 인센티브와 감성적 심리의 결합으로 표출되기 때문이다.

  격변의 시대, 위기를 지배하라

헝가리 출신의 세계적인 투자자 조지 소로스는 주식시장을 지배하는 탐욕과 공포의 심리를 통찰해 투자에 성공한 걸로 유명하다. 공산당이 지배하는 헝가리에 자유의 숨통을 틔우는 노력과 관련된 일화가 있다.

1930년 부다페스트에서 태어난 소로스는 제2차 세계대전 후 공산 치하를 떠나 영국으로 이주했다. 가난한 이민자로서 철도역의 짐꾼, 웨이터 등을 전전하며 학업을 마치고 1956년 미국으로 건너가 월 스트리트에서 성공했다.

성장기에 나치와 공산당 통치를 모두 경험하면서 전체주의 체제 약화의 핵심을 정보 유통의 확대로 이해했다. 1984년부터 헝가리 정부의 동의를 받아 대학과 도서관에 복사기를 대대적으로 보급했다.

공산당이 출판과 언론을 통제하는 체제에서 감시의 눈초리를 피해 암암리에 돌려 보던 소량의 자유민주주의 관련 서적과 유인물들이 기증된 복사기를 통해 대량으로 유통되면서 공산 체제는 급속히 약화되었다. 복사기의 보급은 쉽지만 공산 체제의 정치적 변화는 어렵다. 작은 변화로 큰 변화를 유도했던 사례다.

행동경제학의 '넛지'를 한의학에 비유하자면 사소해 보이지만 실제로는 급소에 해당하는 혈(穴)이다. 인간과 사회의 바람직한 변화를 위해 혈(穴)을 정확하고 부드럽게 자극하되 자유로운 선택을 방해하지 말라는 접근이다.

| USS 벤폴드 | 마음을 모아 꼴찌에서 챔피언으로 변모하다

마이클 에브라소프 중령은 1997년 7월 310명의 장교와 병사들이 근무하는 미국 해군 구축함 벤폴드(USS Benfold)의 함장으로 부임해 20개월을 근무했다.

그는 전투력 측정 최하위권의 골칫덩어리를 1년 만에 최우수 함정으로 변화시켰고 함대 사령관이 가장 어려운 임무를 믿고 맡기는 해결사가 되었다.

나아가 벤폴드에서 도출되고 실행된 창의적 아이디어는 해군 전체로 전파되어 전투력을 높이고 비용을 절감하는 혁신의 발원지로 변모했다. 그는 패배주의에 함몰된 장병들의 부정적 심리를 이해하고 이를 극복하기 위한 종합 프로그램으로 변화를 이끌었다.

아날로그 시대 구식 군함의 함장은 배의 모든 것을 이해하고 판단할 수 있었다. 그러나 디지털 시대의 이지스함은 병사 개개인의 역량을 발휘하고 잠재력을 이끌어야 했다. 과거와 달리 최첨단 장비의 하이테크 기술을 다루는 병사들의 전문성이 높아졌기 때문이다. 전문 지식과 경험이 풍부한 신세대 병사들은 장교의 어줍잖은 명령에 조목조목 반박하는 경우가 비일비재했다. 이를 계급으로 억누를수록 반발은 커졌다.

에브라소프 함장은 계급이 높으면 우월하다고 믿고 행동하는 기존 방식의 변화가 필요하다고 판단했다. 그리고 병사 개개인과의 면담을 통해 심리를 이해하고 신뢰를 구축하면서 역량과 특성

　　　　　　　　격변의 시대, 위기를 지배하라

을 파악하고 가능한 권한을 위임했다.

함정 전체의 성과는 획기적으로 향상되었다. 장비 고장률이 1997년 75건에서 1998년 24건으로 감소되었고 유지비 예산 2,400만 달러 중 60만 달러, 수리비 예산 300만 달러 중 80만 달러를 남겼다. 1998년 미 해군에서 가장 우수한 함정에 수여하는 스포캔 트로피(Spokane Trophy)를 받았다.

함장은 병사들의 일상 생활을 즐겁고 활기차게 하는 프로그램을 구상했다. 출발은 식당이었다. 정규 보급품에 추가해 규정된 예산 범위 내에서 저렴하고 맛 좋은 민간 식료품을 구입해 병사들에게 공급했다. 또한 벤폴드의 요리사 전원을 민간 요리 학원에 보내어 실습시켰다.

함 내 매점의 운영 방식도 바꿨다. 진부한 물품이 진열된 매점은 언제나 한산했다. 보급 장교와 상의해 병사들이 좋아하는 맛있는 간식거리와 배 이름이 새겨진 선물용 야구 모자, 라이터 품목을 대폭 늘렸다.

오래 묵은 재고는 함장이 직접 판매하는 재밌는 이벤트를 통해 규정대로 신속하게 처분했다. 매점에서 발생하는 이익은 병사들의 복지기금으로 전입되기에 군대 생활의 만족도를 더욱 높이는 선순환이 일어났다.

신임 장교들이 배정되면 환영하는 편지를 보냈다. 향후 일정, 샌디에이고 기지와 인근의 숙박 시설 현황을 알려줘 불편이 없도록

했다. 신참 병사들은 공항에서 데리고 와서 당직사관이 맞이하고 가족들에게 전화해 무사 도착을 알렸다. 48시간 이내에 함장이 직접 만나 환영 인사를 전했다.

지휘부에서 사용하는 함 내 전체용 방송은 유효한 의사소통 수단이었다. 함장이 마이크를 직접 잡고 내외부 소식을 알리면서 잘한 일을 칭찬하고 격려했다.

병사 차원에서는 항상 팀을 먼저 훈련시켰다. 전체 차원의 협력을 중시하면서도 임무 수행을 위한 위계질서는 엄격했다. 병사들이 장교들에게 지나치게 허물없이 대하거나 함부로 도전하지 못하도록 분명한 선을 그어 기강을 유지했다.

│인도 철도│ 승차권 단속이 아닌 복권화로 무임승차를 줄이다

인도 철도는 하루 이용객이 3천만 명에 육박하는 거대한 시스템이다. 낡고 불편하지만 무임승차도 많아 인도 철도청의 골칫거리였다. 특히 지정 좌석 없는 일반석의 무임승차 승객은 넘쳐 났고 역무원들의 단속도 한계가 있어 매년 막대한 손실을 발생시켰다.

이의 해결을 위해 제안된 승차권을 복권화하는 아이디어는 고질적인 무임승차 문제를 즉각적으로 완화시키는 효과를 가져왔다. 인도인들은 전통적으로 복권에 대한 선호도가 높다. 이들에게 승차권 고유 번호를 복권 번호로 만들어 매주 당첨금을 지불하는 방식이다. 승차권을 구입하는 비용과 복권 당첨 가능성을 연계시켜 심리

   격변의 시대, 위기를 지배하라

적으로 구매 인센티브를 증폭시키는 방법이다.

승차권을 복권화시키는 프로그램의 명칭은 럭키 야트라(Lucky Yatra)로 2025년 3월 20일부터 8주간 시범적으로 운영되었다. 야트라는 여행, 순례, 행렬을 의미하는 단어다.

모든 열차의 승차권에 인쇄된 고유 번호는 자동으로 복권 번호가 된다. 판매된 승차권 번호는 자동으로 복권 추첨에 응모되어 일간, 주간 간격으로 무작위로 당첨자를 선정해 온라인 웹사이트, 전광판 또는 역내 방송 등 다양한 채널로 공지된다.

당첨금 평균 액수는 일일 당첨금 1만 루피(약 16만 원), 주간 당첨금 5만 루피(약 80만 원) 수준이다. 특히 주간 복권에서 1등 당첨자는 자동차, 현금 1백만 루피(약 1,600만 원), 주택 분양권 등 다양한 경품을 받는다. 이 시스템은 특히 젊은 층과 저소득층의 폭발적인 반응을 이끌었다.

당첨 기대감으로 승차권 구매하는 승객들이 늘어나 무임승차가 크게 줄었고, 자연스레 철도청 수익도 크게 늘었다. 또한 벌금이나 단속 같은 부정적인 방식이 아니라 당첨금을 지급하는 긍정적인 방식으로 승객들의 반발감을 최소화하고 철도청에 대한 인식도 개선하는 효과를 가져왔다.

인간의 불완전함을 전략으로 활용하라

공포 마케팅이라는 기법이 있다. 인간이 근본적으로 갖고 있는 공포심을 자극해 재화를 구매하게 하는 기법이다. 다이어트 제품 광고에 날씬한 몸매의 미녀가 등장해 이 제품을 사용하면 모델처럼 된다고 소비자를 설득하지만, 그 이면에는 뚱뚱한 몸매에 다이어트조차 하지 않는다면 자신 있게 살 수도 없고 멋있는 애인을 사귈 수도 없다는 메시지가 숨어 있다.

보험업은 죽음에 대한 공포를 활용한다. 특히 준비가 안 된 상태에서 갑자기 맞는 죽음이 가져오는 가족들에 대한 경제적 부담을 강조한다. 공포 마케팅처럼 사람의 감정을 자극하는 광고는 가장 강력한 효과가 있다. 합리적인 듯 보이는 인간이 극히 비합리적, 감정적으로 의사결정을 내리는 것이 좋은 사례다.

전통 경제학에서는 인간을 합리적인 존재로 가정하고, 현실 세계에서 일어나는 비합리성은 정보와 지식의 부족으로 간주했다. 그런데 최근의 경제학에서는 인간을 합리적이라고 보는 전제에 대해 문제를 제기하는 흐름이 형성되고 있다. 실제 인간은 비합리적이고 심리적 요인으로 많은 의사결정을 한다는 주장이다.

조직을 이끌어 가는 리더의 관점에서 인간의 감정과 비합리성은 활용하기 나름이다. 합리적 차원에서 도저히 불가능한 일도, 조

격변의 시대, 위기를 지배하라

직원의 심리를 활용하면 가능하게 만들 수 있다.

절대 열세의 병력으로 승리를 이끌어 내는 장군도 마찬가지 경우다. 특히 위기 상황을 맞은 리더는 심리적 측면에서 조직을 다루는 노련함을 갖춰야 한다.

평상시에 대부분의 조직원은 조직의 변화 필요성에는 동의하더라도, 자신이 변화해야 하는 것에 대해서는 회의적인 태도를 취한다. 많은 리더가 조직 혁신을 요구하지만, 실제로 혁신을 성공적으로 추진하기 어려운 이유가 여기에 있다. 이런 점에서 위기는 조직에 대한 진정한 혁신을 가져올 수 있는 호기다. 평상시 많은 논란을 불러일으키고 극심한 반대에 부딪혀야 했던 사안도 위기 상황에서는 적극적으로 받아들여질 수 있다. 단순한 위기 극복으로는 부족하다.

3부

위기를 지배하는 조직은 무엇이 다른가

12장

위기를 제도 개혁의 기회로 바꿔라

극복만으로는 부족하다

자유주의 경제학자 밀턴 프리드먼은 "오직 위기만이 진짜 변화를 만든다, 위기가 발생하면 과거에 정치적으로 불가능했던 일들이 불가피해진다"라고 갈파했다.

대부분의 인간은 눈앞에 닥친 현실을 확인하고서야 행동에 나선다. 다가올 위험을 감지하고 사전에 준비하는 것이 바람직하지만 현실적으로 대단히 어렵다.

역량 있는 리더가 미래를 예측하고 경고 사이렌을 울려도 조직은 둔감하게 반응하기 쉽다. 그러나 위기가 닥치면 이야기는 달라진다. 눈앞에 닥친 현실은 사람들을 긴장하게 만들고 행동에 나서게 하는 계기가 된다. 평상시에 지지부진하던 개혁도 신속하게 진행할 수 있는 여건이 형성되는 것이다.

평상시에 대부분의 조직원은 조직의 변화 필요성에는 동의하더라도, 자신이 변화해야 하는 것에 대해서는 회의적 태도를 취한다. 많은 리더가 조직 혁신을 요구하지만, 실제로 혁신을 성공적으로 추진하기 어려운 이유가 바로 여기에 있다.

이런 점에서 위기는 조직에 진정한 혁신을 가져올 수 있는 호기다. 평상시 많은 논란을 불러일으키고 극심한 반대에 부딪혀야 했던 사안도 위기 상황에서는 적극적으로 받아들여질 수 있다.

위기를 단순히 극복하는 것만으로는 부족하다. 위기가 닥치면 일단 생존하는 것이 우선 과제지만, 해묵은 숙제를 하는 기회로 삼아야 한다. 평상시 추진하기 어려웠던 제도 개혁을 실시해 조직 경쟁력을 획기적으로 상승시키는 절호의 찬스는 바로 위기 상황이 주는 선물이다.

위기 속에서
제도를 재설계하라

| 광종 | 후주 출신 외국인을 등용해 제도 개혁에 성공하다

고려는 태조 왕건이 나라를 세우고 25년간 통치하면서 안정기를 구가했다. 하지만 2대 혜종이 2년, 3대 정종이 4년 만에 사망하면서 정국은 극도로 불안정해졌다. 그렇게 4대 왕 광종은 창업 초기

왕조의 기반이 흔들리는 불안정한 상황에서 왕위에 올랐다. 그는 명확한 목표와 강인한 의지로 노비안검법과 과거제를 시행하며 호족 세력을 견제하고 중앙집권 관료체제를 수립했다.

특히 후주 출신 외국인 쌍기를 등용해 실시한 과거제는 전문관료 집단을 양성해 왕권 강화의 기본적 제도가 되었다. 광종 재위 26년 동안의 제도 개혁으로 고려는 500년 동안 이어지는 안정적 기반을 마련했다.

고려를 건국한 태조 왕건은 통일신라 말기의 대혼란기에 예성강을 중심으로 국제 무역에 종사하는 해상 세력의 가문에서 태어났다. 정치적 격동기에 궁예의 휘하로 들어갔다가 추대 방식으로 고려를 개창했다. 그는 고려 개국 후 25년간 재위하며 후백제를 격파하고 신라를 복속시키면서 후삼국 시대를 종결시켰다.

태조가 지방 호족과 연합하고 결혼을 병행하는 형식으로 세력을 확장해 다수의 왕비에게서 태어난 왕자들이 많았다. 이들은 외가 세력을 배경으로 이합집산했고 지방 호족들도 독자 세력을 유지했다. 왕건이 세상을 떠나자 2대, 3대 왕이 단명하면서 불안정은 증폭되었다.

광종의 당면 과제는 호족 견제와 왕권 강화였다. 명분과 무력, 제도 개혁이 모두 필요한 어려운 과제였다. 성공하면 고려는 안정된 국가로 성장하겠지만 만약 실패하면 다시 내전이 발발해 국가 해체도 우려되는 위기 상황이었다.

재위 초기 광종은 당나라 태종의 치세를 기록한 『정관정요(貞觀政要)』를 숙독하며 국정 운영 방안을 구상했다.

광종은 7년째인 956년에 중국인과 만나면서 난제를 해결할 제도 개혁의 청사진을 얻는다. 당시 중국은 당나라 멸망 이후 오대십국 시대였고 고려는 북방의 후주와 외교 관계를 맺고 있었다.

955년 광종이 후주 세종의 즉위를 축하하는 사절을 보내자 후주는 956년 설문우를 보내 답례했다. 그런데 이때 설문우를 따라온 수행원 중에 쌍기가 있었다. 쌍기를 만나 본 광종은 그의 학식과 식견에 깊은 감명을 받았다.

광종이 중앙집권 체제를 만들려면 호족연합 구조를 혁파할 제도 개혁의 기획자가 필요했는데, 쌍기를 적임으로 판단했다. 특히 외국인으로 고려 내부의 이해관계에서 자유롭다는 장점이 있었다. 광종은 쌍기에게 한림학사를 제수하며 고려에 머무르게 하고 제도 개혁 방안을 수립했다.

먼저 노비안검법을 시행했다. 국가가 호족들의 노비를 심사해 평민으로 신분을 회복하는 정책이었다. 호족들에게 노비는 군사력이자 경제력이었기에 강력하게 반대했지만, 광종은 더욱 강력하게 추진해 관철시켰다.

호족의 군사력을 약화시킨 후 과거제를 실시했다. 고려의 관료는 유력자의 추천으로 선발하는 음서제가 기본이었다. 관료들은 왕이 아니라 추천자에게 충성하는 구조였다. 과거제를 통해 선발

　　　　　격변의 시대, 위기를 지배하라

된 신진 관료들은 왕에게 충성하면서 기존 호족을 견제했다.

960년에는 관료들의 공복을 제정하는 정책을 펼쳤다. 관료들의 등급에 따라 공복의 색을 구분했다. 이는 관료 사회에 질서를 부여함과 동시에 관료들의 임명권자가 왕임을 명확히 각인시켰다. 광종의 왕권 강화 정책에 반대하는 세력은 철저히 제압했다.

광종의 제도 개혁으로 고려는 호족연합 왕국에서 중앙집권 관료 국가로 변모했다. 26년간의 치세는 고려 왕조를 반석에 올려 놓았고, 고려가 500년 동안 유지되는 제도적 인프라를 구축했다.

| 대동법 | 전란으로 피폐한 조선에 세제개혁으로 활로를 열다

조선 시대 500년에서 최고의 제도 개혁은 대동법이다. 백성들이 국가에 현물세로 납부하는 지역 특산물(베, 종이, 비단, 인삼 등)을 쌀(동전, 면포)로 대체하는 제도다.

대동법은 광해군 시기 1608년 경기도 일부에 적용되어 좋은 평가를 받았지만 여타 지역 확대는 지지부진했다. 기존의 공납제도에서 이익을 얻는 양반 지배층, 관료, 중간 상인들의 격렬한 반대 때문이었다.

조선 중기의 문신 김육은 대동법 확대가 국가 재건의 요체라는 신념으로 평생 노력해 1651년 충청도, 1658년 전라도로 확대를 주도했다. 대동법은 조선 중기 전란으로 피폐해진 백성의 삶을 개선하고 조세 공평성을 높이며 국가 재정을 튼튼히 하는 효과를 가져

왔다. 김육이 평생을 바친 대동법의 시행 확대로 망국적 위기의 조선은 재건의 기회를 잡을 수 있었다.

지역특산물을 세금으로 납부하는 공납은 백성들에게 큰 부담이었다. 일반 농사와 달리 특산물은 채취나 수확 시기도 모두 달라 이의 조달은 쉽지 않았다.

농사철에 특산물 구하기가 어려웠고 과거 기준으로 결정된 특산물 중에는 시간이 흐르면서 구하기 어려운 품목들도 많았다. 게다가 호 단위로 부과되어 경제력과 무관하게 동일한 물량을 부담하는 문제도 심각했다. 가장 큰 문제는 공납을 대행하는 방납 제도가 성행하면서 이를 대행하는 방납 중간 상인과 지방 관리가 유착하는 부정부패였다.

공납의 폐해로 백성들의 삶은 피폐해져 갔다. 공납의 부담으로 백성들이 도주해 고을이 황폐해지고, 도망친 백성들이 도적 떼가 되어 사회 불안마저 조성되었다.

해결책으로 제안된 대동법의 반대자는 지주와 관료, 중간 상인들이었다. 대동법은 공납과 달리 소유 농지의 넓이에 비례해 쌀을 바치는 제도였기에 지주들이 반대했다. 부정부패로 세금을 착복하고 있는 관료와 중간 상인의 반대도 당연했다.

조선 중기의 40여 년 동안 임진왜란, 정묘호란, 병자호란이라는 세 차례의 전란을 겪으면서 경제적 기반이 파괴되며 분위기가 반전되었다.

　　　　　　　　　　　

일단 광해군이 대동법 도입을 적극적으로 추진해 경기도 일부에서 도입되었다. 그러나 인조반정으로 왕권이 무력화되면서 표류한다. 대동법 확대 실시에 정치 생명을 바친 사람이 김육이다.

김육은 충청도 관찰사에 오른 1638년 9월 대동법 확대 시행을 건의했다. 인조는 찬성했으나 관료들의 반대로 무산되었다. 그는 포기하지 않고 11년 후 효종이 즉위한 1649년 11월 또다시 건의했지만 무산되었다. 김육은 다시 1651년 충청도에 대동법 시행을 건의한다. 효종이 김육에게 물었다. "대동법을 시행하면 대호(大戶)가 원망하고 시행하지 않으면 소민이 원망하니 그 원망의 대소가 어떠한가?" 김육은 소민의 원망이 크다고 답했고, 효종은 대동법 확대 실시를 결정했다.

대동법은 김육 사망 후 50년이 지난 숙종 시기 평안도, 함경도로 확대되면서 전국적으로 실시되었다. 경기도에서 시작해 평안도-함경도까지 확대되는 데 100년이 걸렸다.

대동법의 성과는 가시적으로 나타났다. 백성들의 삶이 안정을 되찾자 농업 생산력은 증가했다. 조정은 세금을 쌀로 받아 필요한 물품을 구입하는 방식으로 변하자 조달품을 생산하는 공인 계층이 성장했다. 공인들은 생산품을 전국에 유통시켜 경제가 활성화되었다. 물자가 유통되자 시장이 늘어나면서 상공업이 발달하기 시작했다. 세 차례의 전란으로 국가 해체의 위기에 빠졌던 조선은 대동법으로 재건의 기회를 잡았다. 그 중심에는 김육이 있었다.

| 사카모토 료마 | 협상력으로 국가 개조의 길을 닦다

사카모토 료마는 일본 개화기의 영웅이다. 일본의 유명한 소설가 시바 료타로는 사카모토 료마의 일대기를 다룬 『료마가 간다』라는 소설을 썼는데, 소프트 뱅크의 CEO 손정의는 중학교 3학년 때 이 책을 읽고 사업가가 되기로 결심했다고 한다.

'인생에서 중요한 것은 오래 사는 것이 아니라 자신의 신념을 이루기 위해 정열을 불태우는 것이다'라는 것이 료마가 남긴 교훈이다. 료마는 분열된 일본을 하나로 통합해 근대 국가를 세우는 것을 일생의 목표로 삼았다. 그의 활약 덕분에 일본은 평화적 정권 교체에 성공해 성공적인 근대 국가로 나가는 기틀을 닦을 수 있었다.

토사번 출신인 료마는 친서양파인 가쓰 가이슈 암살 계획을 세웠을 정도로 원래는 막부에 충성하는 인물이었다. 그러나 오히려 가이슈의 논리에 설득된 그는 이후 쇄국이나 개방 중에 양자택일하는 논리로는 변화하는 국제 정세에 맞춰 일본을 개혁할 수 없음을 깨닫고, 갈등을 최소화한 상태로 부국강병에 매진하는 것이 최선의 선택이라는 결론에 이른다.

당시 일본의 정계는 사쓰마번과 조슈번의 주도권 다툼으로 몹시 혼란스러웠다. 막부를 없애고 천황의 통치로 돌아가야 한다는 기본 전제는 동일했지만, 수백 년간 갈등을 겪은 양 번인 까닭에 동맹의 성공 여부는 불투명했다.

료마는 양 번의 동맹에 일본의 사활을 건다. 그는 조슈번의 무기

  격변의 시대, 위기를 지배하라

수입을 사쓰마번으로 하여금 돕도록 여건을 조성함으로써 동맹의 첫 다리를 놓았다. 토사번 출신인 료마는 대부분의 사람과는 달리 자신이 소속된 번의 이익에 연연하지 않았다. 그런 료마의 성향 덕분에 협상은 빠르게 진전되었다.

그러나 마지막 변수가 있었다. 사쓰마번의 일각에서 무력에 의한 도쿠가와 막부 토벌을 들고 나온 것이다. 이때 료마의 협상력이 또 한 번 발휘된다. 료마는 막부의 수장인 도쿠가와 요시노부에게 협상안을 제시하고, 정권을 내놓은 후에도 막후 실력자 역할을 행사할 수 있다고 판단한 요시노부가 평화적으로 정권을 내 놓음에 따라 일본은 내분 없이 왕정 체제로 복귀한다.

료마의 강점은 국가 통합 프로젝트를 기획하고 탁월한 협상력으로 유혈 사태 없이 문제를 해결한 데 있다. 요코이 쇼난에게서 퇴계학을 접한 그가 칼로 사람을 죽이지 않겠다고 결심한 후 평생 그 약속을 지켰다는 사실도 흥미로운 부분이다.

위기일수록 국가는 분열되기 마련이다. 료마는 분열의 위험을 직시, 재빨리 평화적인 문제 수습에 나섬으로써 일본이 19세기 후반 이후 동북아시아 최강의 국가로 도약하는 기반을 마련한 인물로 평가받는다.

새로운 비즈니스 모델은 위기에서 탄생한다

| 이케아 | 화재를 계기로 독특한 직접구매 방식을 창안하다

이케아는 단순하면서도 실용적인 가구로 세계 시장을 지배하고 있다. 이케아의 판매장은 전 세계에 걸쳐 있고 매년 5억 명이 이케아 가구를 구입한다. 세련된 디자인에 실용성을 겸비한 데다 가격까지 낮아 소비자의 충성도가 매우 높다.

이 같은 성공적인 사업 모델은 1970년 9월 5일 발생한 가구 전시장의 화재에서 비롯되었다.

이케아는 1943년 잉바르 캄프라드가 통신판매업체로 창립했는데, 1960년대 스웨덴의 호황에 힘입어 급성장했다. 1969년 덴마크에 매장을 열면서 외국시장 진출도 시작했고, 1960년대 말에는 통신판매를 주축으로 스칸디나비아를 대표하는 가구업체로 성장했다. 그런데 통신판매의 특성상 이케아는 매장의 가구 전시를 판매사업의 보완 기능으로만 생각했다. 즉 고객들이 가구를 주문하기 전에 직접 만져 볼 수 있는 장소에 불과했다.

1970년 9월 5일, 스톡홀름 외곽의 창고를 겸한 이케아 대형가구 전시장에서 불이 났다. 건물은 잿더미가 되었고, 다시 판매를 재개하려면 6개월 이상이 필요했다. 화재 발생 몇 주 후 이케아는 스톡홀름에서 부분 손상된 가구를 정상 가격의 90% 할인 가격으로 판

매한다는 광고를 냈다.

예상을 훨씬 뛰어넘는 수천 명의 사람들이 판매장으로 몰려왔다. 이를 목격한 경영진은 새로운 판매 방식에 착안한다. 화재로 실시한 정리 바겐세일은 이케아 역사의 새로운 시작이었다.

이케아는 카탈로그에 의한 통신판매 방식 또는 매장에서 직접 가구를 보고 주문서를 작성해 배송을 기다리는 방식으로 가구를 팔아왔다. 이케아 입장에서는 카탈로그 제작, 배송 비용을 부담해야 하고, 고객도 매장까지 찾아와 주문하고 기다리는 등 시간 손실이 만만치 않았다.

그런데 정리 바겐세일에 몰려든 인파는 가격이 저렴하고 실물을 확인할 수 있다면 고객이 직접 매장에 와서 물건을 구입해 자신의 차로 집으로 가져가겠다는 의향이 있음을 확인시켜 줬다.

스톡홀름 가구 전시장 총책임자인 한스 악스는 즉각 창업자에게 직접 구매 방식, 즉 고객들이 가구 전시장에 차를 몰고 와 직접 가구를 실어 가는 방식을 제안했다. 다시 말해 가구 슈퍼마켓을 만들자는 제안이었다.

캄프라드는 직접 구매 방식으로 전환할 경우의 손익을 따져 봤다. 비용이 줄어들면 가구의 가격이 낮아질 것이고, 그렇다면 더 많은 사람이 이케아를 구입할 가능성이 높아지는 것이다.

사업 잠재력이 있다고 생각한 캄프라드는 캐시앤캐리 시스템 (Cash and Carry System, 현금을 내고 가구를 직접 가져가는 판매 방식)

형태의 매장을 만들어 시장에 도전했다.

결과는 대성공이었다. 이케아는 캐시앤캐리 시스템을 도입한 덕분에 가구의 가격을 대폭 낮출 수 있었고, 운송비가 들지 않아 비용도 절감하는 효과를 거뒀다. 그 결과 이케아는 누구나 싼 가격에 살 수 있는, 그러면서도 좋은 품질을 약속하는 가구의 대명사가 되었다.

1971년 3월, 화재가 발생했던 스톡홀름의 이케아 하우스를 재오픈했을 때 이케아는 새로운 시스템 도입과 함께 혁명적인 발상을 시도했다. 가구 매장 안에 레스토랑과 아이들을 위한 놀이 공간을 배치한 것이다.

고객들은 아이들이 놀이터에서 노는 동안 저렴한 가격의 좋은 요리를 즐기면서 여유롭게 가구 쇼핑을 즐겼다. 오늘날 대형 소매점에서 일반화된 식당과 어린이 공간의 배치는 이케아가 최초로 시도한 것이다.

통신판매로 시작한 이케아가 오늘날 세계적인 가구사업체로 성장한 계기는 스톡홀름 매장의 화재였다. 화재로 위기에 처한 이케아가 불로 손상된 가구의 정리 세일을 시도하면서 얻은 소비자의 반응을 정확하게 분석해 새로운 가구판매사업 모델을 구체화한 것이 오늘의 이케아를 탄생시켰다. "위기는 항상 기회와 함께 온다"라는 말은 이케아에도 적용되었다.

| MS | MS-오피스에서 탈피해 클라우드 AI로 부활하다

1990년대까지 IT 업계의 지존이었던 마이크로소프트(MS)는 21세기 들어 변방으로 밀려났다. 애플, 구글, 아마존에게 주도권을 빼앗긴 MS는 정체된 PC 시장에서 윈도우와 오피스를 판매하는 구시대의 유물로 전락한 공룡이었다.

구원투수로 투입된 인도 출신 사티야 나델라는 당시 풍자 만평에서 "MS 직원들은 마치 이권 다툼을 하는 조직 폭력배처럼 서로에게 총을 겨누고 있었다"라고 회고했다.

실제로 단위 조직들이 각자의 영지(fiefdom)에서 사내 정치로 기득권을 지키는 관료 집단이 되어 혁신이 사라지면서 유능한 인재는 이탈하고 있었다.

그는 기업문화 혁신으로 분위기를 쇄신하고 본격적인 사업 재편을 시작했다. 이후 클라우드, AI 분야로 확장해 다시금 IT 산업의 주도자로 부활했다.

빌 게이츠의 창업 이래 MS의 사명은 '모든 가정과 책상에 MS 소프트웨어로 구동되는 PC'였다. 나델라는 이를 '모든 사람과 조직이 더 많은 것을 성취하도록 도운다'로 변경했다.

PC를 구동하는 소프트웨어 제품 개념에서 고객 중심 서비스로의 관점 전환을 선언했다. "우리 업계는 전통과 역사를 존중하지 않는다. 혁신만 존중한다. 우리의 임무는 MS가 모바일 및 클라우드 세계에서 성공하는 것이다."

나델라는 조직에 팽배한 정체적 마인드(fixed mindset)를 성장적 마인드(growth mindset)로 바꿔야 한다고 결론지었다. 도전을 피하고 부정적인 피드백을 무시하면서 똑똑하게 보이려 노력하고 다른 사람이 성공하면 위협을 느끼는 정체적 사고 방식에서 도전을 포용하고 실패를 통해 배우며, 비판을 수용하고 다른 사람들의 성공에서 영감을 얻는 변화였다.

새로운 사명을 추구하고자 나델라는 '고객 우선, 다양성과 포용성, 원마이크로소프트'라는 세 가지 핵심가치를 제시했다.

MS가 윈도우와 오피스라는 제품의 관점에 머무르고 있는 동안 시장은 서비스의 개념으로 진화하고 있었다. 전자상거래의 아마존이 시작한 아마존웹서비스(AWS)가 질주하는 외중에 MS는 갈피를 못 잡고 있었다.

MS의 내부 교육에 고객을 직접 방문하는 프로그램이 대대적으로 도입되었다. 이를 통해 시장이 클라우드 서비스 중심으로 진화하고 있는 실상이 조직에 공유되었다. 또한 말로만 떠들던 머신러닝, 인공지능 등의 중요성을 체감할 수 있었다.

후발주자라는 각성은 차별적인 전략으로 이어졌다. MS는 클라우드 서비스인 애저(Azure)를 데이터 저장 공간만 파는 방식이 아니라 윈도우와 오피스 등과 연계해 차별화하고 틈새를 공략했다.

경쟁사와도 협력과 공존으로 전환했다. 과거 MS는 윈도우를 중심으로 문서 작성, 스프레드시트, 웹브라우저 등 경쟁사들을 시장에서 몰아내는 전략이 기본이었다.

그러나 나델라는 2016년 'MS는 리눅스를 사랑합니다'라는 슬로건으로 오픈소스를 활용해 클라우드 시장 경쟁력을 높였다. 숙적인 애플 아이폰과 구글 안드로이드폰에 사용하는 오피스앱을 개발했다. 클라우드 사업의 최대 경쟁사인 아마존과도 제휴해 인공지능 비서인 코타나와 알렉사의 교차 사용을 허용했다.

나아가 외부 자원과 연계한 개방적 혁신 생태계 구축의 관점에서 M&A를 추진했다. 2016년 직장인 중심의 소셜미디어 링크드인을 262억 달러에 사들였고, 2018년 6월에는 오픈소스 개발자 커뮤니티인 깃허브를 75억 달러에 인수했다.

나델라는 MS의 우수한 인재와 첨단 기술들이 고립되고 단절되어 디지털 시대에 뒤떨어지고 가치를 만들지 못한다고 인식했다. 연결하되 통합하는 두 마리 토끼를 잡아야 했다. 먼저 글로벌 차원에서 마케팅, 재무, 법률 및 판매 기능을 중앙집중적으로 통합하되 부문 간 협력을 위한 프로그램을 수립했다.

나델라는 미래로의 변화를 위해 문화라는 기본에서 출발해 '고객, 개방, 연결'이라는 가치를 중심으로 혁신의 영혼을 되살리고 사업 생태계를 재건했다.

| 레고 | 위기 속 기본으로 회귀해 진정한 변화를 이끌다

레고는 1932년 덴마크에서 시작되었다. 가구, 문짝 등을 만들던 작은 목공소가 불황을 맞으면서 나무 장난감 제작으로 사업을 전환했다. 이후 플라스틱으로 소재 변경, 무한 조립 블록 시스템, 기계적 요소의 결합 등으로 전 세계 교육용 완구 시장의 최강자로 성장했다. 그러나 1990년, 창사 이래 최대의 위기를 맞았다.

다양한 테마 제품의 과도한 출시, 디지털 게임 등장, 비효율적 경영 등이 복합적으로 작용했다. 2003년과 2004년에는 매출 격감에 대규모 손실로 파산 위기에 몰렸다.

절체절명의 순간에 구원투수로 투입된 CEO 예르겐 비 크누스토르프는 핵심으로 돌아가서(Back to Basics) 사업 모델을 재정비하는 전략을 실행했다. 스타워즈, 해리포터와 맺었던 전략적 제휴도 성과를 내기 시작하고 어른용 제품의 매출도 늘어나면서 제2의 전성기를 맞았다.

덴마크의 작은 마을 빌룬에서 나무 장난감을 만드는 동네 목공소로 시작해, 1946년 당시로서는 혁신적인 신소재였던 플라스틱 블록으로 전환 후, 1990년대 중반에는 전 세계에 45개의 법인을 거느리고 9천여 명을 고용하는 글로벌 기업으로 성장했다.

레고의 주요 제품은 평범해 보이는 열 가지 미만 기본 색상의 플라스틱 블록을 기본으로 하는 어린이용 장난감이다. 하지만 평범해 보이는 블록완구에서 경쟁자가 따라오기 어려운 독특한 차별성

　　　　　　　　　　　격변의 시대, 위기를 지배하라

을 확보하고 있다.

몇 가지 유형의 블록을 조립해 다양한 형태를 만들어 내는 레고는 하드웨어 디바이스나 소프트웨어 프로그래밍에서 블록이나 모듈의 개념으로 적용되는 보통명사가 되었다.

그러나 1990년대 후반부터 사업 환경이 급변했다. 어린이와 청소년층을 사로잡는 비디오 게임이 컴퓨터 보급과 함께 PC 게임, 온라인 게임으로 확산되면서 전통적 아날로그 놀이기구의 미래는 어두워 보였고, 레고는 다방면에서 적극적인 혁신에 나서야 했다.

더욱이 레고의 특허가 1988년 종료되면서 누구나 유사품을 만들어 팔 수 있었고, 장시간 앉아 블록을 맞추는 놀이는 1980년대부터 등장한 비디오 게임의 역동적인 화면과 다양한 액션을 흉내 내지 못하게 되었다.

창업자가 덴마크에 세워 인기를 끌던 놀이공원 레고랜드를 영국, 독일, 미국에 개장하고 소매 매장 300개를 신설했다. 또한 컴퓨터 게임용 소프트웨어, 교육 사업, 아동복, 여아용 인형, 미디어 사업으로 영역을 확대했다.

그러나 시대 흐름에 따라 추진한 신규 사업들이 실패해 2003년에는 연간 매출이 30% 감소하고 유동성 위기에 몰리면서 생사의 기로에 서는 처지로 전락했다.

2003년 외부에서 수혈된 구원투수인 CEO 크누스토르프는 "레고에 와 보니 평생 이렇게 엉망인 회사는 본 적이 없었다, 모든 것이 정상이 아니어서 돈을 못 벌고 매출조차 예상하지 못하는데 직원들은 정말 행복해서 믿을 수가 없었다"라고 회고한다.

사업 전반이 나락에 떨어지면서 무너지고 있었던 1990년대 말에도 레고는 덴마크 기업인들이 가장 존경하는 기업이었고, 2000년에 포천과 영국장난감유통협회는 '20세기의 가장 위대한 장난감'으로 선정할 정도여서 직원들은 착각 속에 살고 있었다.

크누스토르프가 주도한 레고 회생의 출발점은 '기본으로 돌아가자'였다. '꿈은 크고 막연한 자부심에 말은 많으면서 행동은 굼뜨지만 직원은 행복한' 곪은 조직을 '현실을 직시하고, 운영과 실행에 무게를 두고 성과를 내는' 건강한 조직으로 변화시켜 나갔다.

10여 년에 걸친 회생 과정은 레고 1.0-생존을 위한 비상 착륙, 2.0-핵심 자산인 블록에 집중하는 방향 설정, 3.0-혁신 매트릭스를 활용한 성장 동력 회복, 4.0-성장을 위한 개방적 혁신, 5.0-업계 선도자의 위치 회복과 성장 플랫폼 확충의 5단계로 진행되었다.

크누스토르프는 1.0 단계에서 1,200명을 해고하고 생산성 낮은 공장 폐쇄, 낮은 수익성 제품 라인 철수, 불용자산의 신속한 매각 등 피도 눈물도 없는 사모펀드 매니저처럼 회사를 운영했다.

그러나 2.0 단계에서 레고의 핵심역량을 재정의하고 경쟁력을 회복한 이후부터는 21세기의 시대정신인 오픈이노베이션, 크라우드소싱을 접목시켜 아날로그의 정체성과 디지털의 첨단 기술을 효과적으로 융합했고 레고 로봇을 출시해 성인용 장난감 시장을 개

 격변의 시대, 위기를 지배하라

척하는 등 디지털 시대에도 성공적으로 대응했다. 그렇게 레고를 21세기형 기업으로 변모시켰다. 그는 이러한 과정을 "우리는 근본적으로 과거에서 훔친 자산으로 미래를 해석했다"라고 표현한다.

한때의 영화를 뒤로하고 생사의 기로에 섰다 회생한 레고의 드라마는 조직 전체가 현실을 직시하고 위기 의식을 공유하면서 기본으로 돌아가 핵심 경쟁력을 회복하는 과정이었다.

위기를 도약의
발판으로 삼아라

"약자의 의무는 전략이고, 강자의 의무는 혁신이다"라고 한다. 약자는 강자에 맞서 살아남을 수 있는 방법을 찾는 전략을 필수적으로 고민해야 한다.

강자의 적은 대개 자기 자신이다. 강자이기에 빠져들기 쉬운 교만, 나태함, 둔감함 등을 혁신을 통해 끊임없이 재탄생시켜야 한다는 의미다. 전략에 실패한 약자와 혁신에 실패한 강자는 모두 생존할 수 없다.

역사적으로도 근본적인 제도 변화는 위기의 부산물이었다. 조선 후기 사회를 변화시키는 동인으로 작용한 대동법은 임진왜란이라는 미증유의 혼란을 수습하는 과정에서 나왔다. 일본 근대화의 시발점인 메이지유신도 1853년 미국의 매튜 페리 제독이 군함을 이끌고 개항을 요구하는 충격적인 사건에서 비롯되었다. 우리나라 대기업이 글로벌 기업으로 성장한 것도 1997년 IMF 구제금융을 야기한 경제 위기를 거치면서 체득한 생존 방식 덕분이었다.

1997년 당시 IMF 총재 미셸 캉드쉬는 한국의 구조조정 프로그램 적용을 '위장된 축복(Disguised Blessing)'이라고 표현했다. 그동안의 방만했던 경제 운용 방식을 조정하고 거품을 걷어 낸다면 경제 위기가 오히려 축복으로 평가될 수 있다는 관점에서 한 말이다. 당시에는 단순한 립-서비스로 받아들여졌으나 지금 돌이켜 보면 타당한 지적이다.

기업에 불경기나 경제 위기는 언제나 찾아올 수 있는 불청객이다. 어려움을 이겨 내는 것은 누구에게나 고통스럽지만, 이를 제도 개혁과 혁신의 계기로 받아들인다면 위기는 언제나 '위장된 축복'이 될 것이다.

13장

보상 구조가
행동을 결정한다

위기 극복에도 설계가 필요하다

세상에 수많은 갈등이 존재하지만 한꺼풀 벗겨 놓고 보면 대부분 경제적 이익을 놓고 싸운다. 표면적으로 내세우는 이유는 국가, 종교, 가족, 친구 등 다양할지라도 본질은 결국 돈 문제로 귀결된다.

인간 본성에 대한 통찰력이 탁월했던 마키아벨리는 『군주론』에서 "사람이란 아버지의 죽음보다도 친구에게 돈 떼인 것을 오래 기억하는 법이다"라고 표현했다. 개인의 사회적 행동 저변에는 기본적으로 경제적 동기가 깔려 있다. 그렇기 때문에 사람들은 자신에게 이익이 될 때 가장 적극적으로 행동한다.

경제적 이해관계로 만들어진 기업은 경제적 인센티브가 조직을 움직이는 기본 동인으로 작용한다. 이익을 추구하는 조직의 특성상 이익에 대한 보상이 전제되어야 행동을 요구할 수 있다.

위기를 맞은 경우에도 마찬가지다. 흔들리는 조직을 추스르기 위해서는 평상시보다 더욱 명확한 인센티브 구조를 제시해야 한다. 조직원들 입장에서도 위기 극복에 동참한다는 것은 많은 고통과 비용을 수반하는 일인데, 보상이 전제되지 않는다면 참여할 이유가 없는 것이다.

따라서 위기 극복에도 인센티브 구조가 전제되어야 한다. 인센티브 구조 없이 구체적인 행동과 결과물을 기대하는 것은 무리다.

조직원과 위기 극복에 대한 인식과 행동을 공유하기 위해서는 보상 구조를 분명히 할 필요가 있다. 인센티브가 약속되지 않은 상태에서 형성된 공감대는 메아리 없는 구호로 끝나기 마련이다.

돈과 명예는 가장 현실적인 동기다

| 나폴레옹 1세 | 훈장의 명예로 병사의 사기를 올리다

나폴레옹 보나파르트는 서양 근대 역사에서 최고의 군사적 천재로 통한다. 최적의 전투 방식을 연구해 자신의 군대에 적용했고, 작전 계획을 세우기 전에 가능한 한 모든 정보를 수집해 상황을 정확히 판단한 후에 최종 명령을 내렸다. 전투가 벌어지기 전에는 전투 현장을 답사해 지형을 숙지했고, 위기의 순간도 불굴의 투지로 헤쳐

나왔다. 그의 진정한 천재성은 병사의 마음을 어루만져 전투력을 극대화하는 리더로서의 면모에 있었고, 이는 1796년 이탈리아 원정에서 가장 극명하게 나타난다.

1796년 4월 나폴레옹은 조제핀 드 보아르네와 결혼하고 이틀 후 전투를 지휘하고자 이탈리아로 갔다. 현지에 도착해 보니 병사들의 사기는 바닥이었고, 기본적인 음식마저 제대로 보급받지 못했다.

27세 어린 나이에 작은 키의 총사령관 나폴레옹은 병사들에게 신뢰를 얻기도 어려웠다. 오합지졸 프랑스군이 전쟁에서 승리하는 일은 불가능해 보였다.

5월 10일, 프랑스군은 오스트리아군이 점령한 로디 다리 탈환 작전을 개시했다. 완벽한 방어 태세를 갖춘 오스트리아군을 대하자 프랑스군은 겁에 질렸다. 특단의 조치가 필요한 순간 나폴레옹은 병사들 앞에서 연설을 시작했다.

정부는 제군들에게 많은 빚을 졌지만 아무것도 줄 수 없는 상황이다. 제군들은 목숨을 걸고 전투에 임했으나 얻은 것은 아무것도 없다. 그러나 지금 내가 제군들을 지구상에서 가장 비옥한 평야로 안내하겠다. 이 풍요로운 도시는 바로 제군들의 것이다. 그곳에서 제군들의 명예와 영광과 부를 발견하라!

 격변의 시대, 위기를 지배하라

나폴레옹은 "공화국 만세"를 외친 뒤 적진을 향해 달려갔다. 나폴레옹은 목숨을 걸고 최전선에서 병사들의 전투를 독려했다. 병사들은 최전선에서 목숨을 걸고 싸우는 나폴레옹을 보고 전투 의지를 회복했고 전면 공격에 나섰다. 프랑스군은 오스트리아군을 물리치고 로디 다리를 탈환했고, 이후 12개월 동안 벌어진 열두 차례의 전투에서 연전연승을 거뒀다.

1805년 아우스터리츠 전투를 승리로 이끈 뒤 행한 연설에서도 나폴레옹이 병사의 사기를 높이는 방식이 잘 드러난다.

그대들은 내가 여러분에게 건 기대를 결코 저버리지 않았다. 이제 그대들이 두려워할 적은 이 세상에는 없다. 조국의 번영과 행복을 위한 임무를 마치면 나는 그대들과 함께 프랑스에 돌아갈 것이다. 나는 그대들이 프랑스에서 안락하게 여생을 마칠 것을 보장하는 바다.

나폴레옹이 가장 중요하게 여긴 것은 군대의 사기였다. 그는 "사기가 병사들의 숫자보다 세 배는 더 중요하다"라고 역설했다. 나폴레옹은 사기를 진작시키기 위한 방법으로 다양한 포상 제도를 적극 활용했고, 때로는 파격적인 방법까지 동원해 병사들의 마음을 사로잡았다.

나폴레옹은 전선 후위에서 전투를 독려한 일개 나팔수에게 남작 작위를 내려 부하들을 놀라게 했고, 병사들이 자신의 말이라면 목숨을 걸고 따르도록 만들었다.

프랑스 최고 훈장인 '레지옹 도뇌르(Légion d'honneur)'도 나폴레옹이 1802년 제정했다. 나폴레옹은 금전적 보상뿐만 아니라 명예욕의 충족이 사기를 높이는 훌륭한 방안임을 깨닫고 있었다.

값싼 장식품에 지나지 않는 훈장이 결국은 전장에서 목숨 걸고 싸우게 만드는 역할을 하리라는 것이 그의 지론이었다. 군대의 사기를 높이는 데 효과를 본 무공훈장 제도는 다른 나라에도 도입되었다.

나폴레옹은 병사들이 기대에 못 미쳤을 경우에는 공개적으로 질타했고, 기대 이상의 활약을 보였을 경우에는 각종 포상과 기념행사를 아끼지 않음으로써 병사들이 늘 최선을 다하도록 만들어 나갔다.

나폴레옹은 개인적인 관심이 군의 사기를 높인다는 사실도 잘 알고 있었다. 그는 병사들의 개인사를 놓치지 않고 챙기려 애썼다. 중요 인물의 경우는 보좌관을 통해 사전에 정보를 입수했고, 그 정보를 대화 중에 흘림으로써 자신이 상대방을 개인적으로 배려하고 있다는 인상을 줬다.

말년에 나폴레옹은 전성기 때와 같은 성공적인 삶을 누리지는 못했다. 전쟁의 양상이 장기전으로 변하고, 포병의 중요성이 커지자 그의 속도전은 빛을 잃었다. 1812년 러시아 원정에서 50만 명을 잃은 데 이어 이듬해의 라이프치히 전투와 3년 후의 워털루 전투

　　　　　　　격변의 시대, 위기를 지배하라

에서 패배하면서 재기불능이 되었다.

결국 그는 세인트헬레나섬으로 유배되어 1821년에 생을 마감했다. 그의 능력에 대해서는 찬탄과 비판이 교차하지만 그에 대한 병사들의 신뢰는 그가 죽는 날까지 결코 사라지지 않았다. 병사들에게 그는 늘 자신들에게 의지를 불어넣어 준 위대하고 친근한 상관이었다.

| 아틸라 | 황금과 봉건 제도로 훈족을 다스리다

4, 5세기 유럽은 훈족이라는 악몽에 시달렸다. 대재앙처럼 갑자기 출현한 훈족의 공격으로 게르만은 거주지를 잃고 로마로 밀려 들어왔고, 혼란에 빠진 로마는 몰락이 가속화되었다.

유럽인들은 훈족을 신의 재앙이라고 불렀다. 훈족 왕 아틸라는 스스로를 '신의 채찍'이라 명명해 유럽인들의 공포를 증폭시켰다. 그러나 훈족은 훗날 칭기즈칸의 예에서 보듯 유목민족의 장점을 극대화한, 타고난 전투 집단이었다.

훈족의 최대 장점은 뛰어난 기마술과 궁술이었다. 어릴 때부터 말과 함께 살아온 훈족 남자들은 말에 관한 한 달인의 경지에 올라 있었다. 전투가 벌어지면 전사들은 6~7마리의 말을 교대로 타면서 기동력을 극대화했다. 또한 나무 안장과 등자를 활용해 말에서 떨어지는 법이 없었다. 말과 혼연일체가 되어 엄청난 스피드로 근접전을 펼치는 훈족 전사들에게 유럽의 둔중한 기마병들은 적수가 되지 못했다.

특히 훈족은 일반인들은 들기에도 무거운 활을 2초마다 한 번씩 쏠 수 있는 능력을 지녔다. 최고의 궁수 한 명이 1천 대의 화살을 쏠 수 있었다고 하니, 훈족이 쏘아 대는 화살의 화력은 현대 기관총의 화력보다도 강력했다.

이처럼 무적의 공격력을 자랑하던 훈족은 5세기 이후 역사의 무대에서 완전히 사라진다. 불과 100년을 넘기지 못한 훈족의 운명은 탁월한 군주 아틸라의 생사와 함께했다. 군사적으로 강력했으나 정치적 통합을 이루지 못했던 훈족은 아틸라가 사망하자 사분오열되면서 소멸되고 말았다.

434년 아틸라는 훈족의 왕이 되었다. 형 블레다와 공동으로 통치했다. 아틸라는 야만인 훈족 중에는 드물게 지적인 인물이었다. 훈족은 유목민족의 특성상 소규모로 움직였다.

부족 단위는 5천 명 내외였는데 이동 시에는 더 작은 단위로 나뉘어 실제로 함께 움직이는 인력은 50명 정도였다. 큰 전투가 있을 때도 필요에 따라 연합했지만, 전체가 하나가 되어 움직인다는 사고 자체가 훈족에게는 존재하지 않았다.

아틸라는 냉정하게 자신이 처한 현실을 돌아봤다. 훈족의 모든 부족이 자신을 왕으로 추대하기는 했지만 언제까지나 자신의 편에 서리라는 보장은 없었다. 더 나은 조건을 로마나 이민족이 제시한다면 눈 깜짝 않고 자신을 배반할 사람들이었다.

 격변의 시대, 위기를 지배하라

훈족을 하나로 묶어 두기 위해 필요한 것은 황금과 땅이었다. 충분한 대가가 안정적으로 제공된다면 훈족들이 굳이 자신을 두고 이민족에게 협력할 가능성은 거의 없었다.

아틸라는 일단 황금을 얻고자 동로마를 공격하기로 한다. 아틸라 이전 훈족은 이민족의 용병으로 일하면서 대가를 받아 왔다. 아틸라는 그런 수동적인 방법을 버리고 적극적인 공세로 대량의 황금을 확보하기로 방향을 전환한다.

441년 아틸라는 전쟁 승리 시 얻을 수 있는 이익으로 훈족 세력들을 규합하고 전쟁에 나섰다. 발칸반도의 중요한 요새 중 하나인 나이수스마저 함락되자 동로마의 사정은 긴박해졌다.

동로마는 일단 아틸라와 화친을 맺고 해마다 1,400파운드의 황금을 지급하기로 약속했다. 그러나 위급한 상황을 넘긴 동로마가 약속 이행을 거부하자 아틸라는 다시 동로마 제국을 공격했다.

이후의 전쟁에서 아틸라는 100여 개의 도시를 점령해 발칸반도를 초토화시키면서, 콘스탄티노플 외곽까지 진군했다. 448년 동로마는 전쟁을 끝내고 협상에 돌입했다. 아틸라는 이전보다 더 늘어난 2,100파운드의 황금을 바치라고 요구했다.

동로마 공략이 끝나자 아틸라는 훈족을 봉건 국가로 만드는 작업에 들어갔다. 참모들에게 영토를 배급해준 뒤 참모들을 각 지역 총독으로 삼았다.

그는 이 과정에서 전쟁의 공과를 철저하게 따져 영토를 배급하는 방법을 취했다. 활약 정도에 따라 황금을 분배했기 때문에 훈족 전사들은 충성을 다했다.

아틸라는 또한 각 영토에서 생산되는 공물이나 곡식의 양을 평가해 황금을 분배함으로써 자신을 향한 충성 경쟁이 일어나도록 시스템을 정비해 갔다. 훈족 공동체를 통제하는 인센티브로 황금을 사용했던 것이다.

아틸라는 실생활에서 절제를 추구했고, 술이나 여자를 탐닉하지도 않았다. 훈족 통치에만 전력을 기울임으로써 아틸라는 그 누구도 이룩하지 못한 최고의 권위를 만들어 냈다.

아틸라 통치 당시 훈족의 영토는 동으로는 카스피해에서 서로는 라인강에 이르렀다. 그의 이름 아래 훈족은 일사불란하게 하나가 되어 움직였고, 훈족은 강력한 세력을 구축했다.

| 호주 | 호송선의 인센티브 구조로 죄수의 생명을 구하다

유럽인들이 본격적으로 호주 대륙에 발을 들여놓은 것은 1770년 4월, 영국의 탐험가인 세임스 쿡 선장이 동부 해안을 탐험한 이후였다. 발견 초기 영국 정부는 신대륙 호주를 경시했지만 미국독립전쟁이 벌어지면서 상황이 달라졌다.

영국은 당시에 식민지였던 미국을 중죄수 추방용 유형지로 삼고 있었는데, 1776년 미국 독립으로 새로운 유형지가 필요했고 호주가 이에 적합했다.

 격변의 시대, 위기를 지배하라

1786년에 이미 호주 식민지 뉴사우스웨일즈의 초대 총독으로 임명된 아서 필립이 이끄는 열한 척의 배로 구성된 선단이, 1788년 1월 죄수 732명을 포함한 1,373명을 데리고 시드니 항구에 상륙하면서 호주 개척사는 시작되었다.

죄수들은 형기를 마치면 자유인이 될 수 있다는 조건으로 호주행을 선택했는데, 이송 과정에서 예기치 않은 문제가 발생했다. 오랜 항해를 견디지 못한 죄수들이 다수 사망한 것이다. 1790년부터 3년간 죄수 4,082명 중 498명이 항해 도중 죽었다. 심지어 호송 중인 424명의 죄수 중 사망자가 158명에 이르렀던 배도 있었다.

아무리 죄수지만 너무 가혹하다는 비판이 거세지면서 영국 정부는 대책 마련에 부심했다. 죄수들의 처우를 개선하고 신앙심 깊은 선장을 선발하는 등 다양한 대책이 나왔지만, 실제로 효과를 거둔 방법은 의외였다.

영국 정부가 죄수 사망률을 획기적으로 낮춘 묘안은 '인센티브 원리'였다. 선장에게 주는 죄수 호송비 지급 기준을 '죄수 1인당 지급'에서 '살아서 도착한 죄수 1인당 지급'으로 바꿨다. 죄수들이 살아서 도착해야 약속된 운임을 받을 수 있었던 선장들은 과거 무관심했던 죄수들의 건강을 신경 쓰기 시작했다.

그 결과 1793년 세 척의 배가 422명의 죄수를 실어 날랐는데 사망자는 단 한 명뿐이었다. 이후 영국은 약 16만 명의 죄수를 호주로 비교적 안전하게 호주로 보냈다.

성과와 보상을 정직하게 연결하라

| 지멘스 | 사회복지제도를 도입해 직원들의 신뢰를 확보하다

지멘스의 창업자인 에른스트 베르너 폰 지멘스는 직업 군인 출신이다. 1847년 10월 베를린에서 요한 게오르크 할스케와 함께 창업한 '지멘스 운트 할스케(지멘스와 할트케)' 전신건설 회사가 오늘날 지멘스의 모태다.

회사를 설립할 당시에도 직업 군인으로 일하던 지멘스는 회사가 독일 의회와 프로이센 정부 청사를 연결하는 전신가설 사업 수주에 성공하자 직업 군인의 안정된 자리를 그만두고 회사 경영에 전념했고, 회사는 확장 일로에 들어섰다.

1868년 공장을 시찰한 지멘스는 직원들의 불만을 생생하게 접한다. 그는 장인들에게 관리 직원들보다 더 높은 월급을 지급하는 등 나름대로 복지에 신경을 써 왔다고 생각했지만, 직원들의 말은 그의 기대와는 달랐다.

우리 일은 해마다 늘어나기만 한다. 보조금을 받기는 하나 일이 점점 힘들어지니 얻는 것은 별로 없다.

지멘스의 꿈은 세계적인 기업을 일구는 것이었다. 직원들을 만족시키지 못하고서 세계적인 기업을 일구는 것은 불가능했다. 직원들이 회사를 자기 것으로 여겨 최선을 다하지 않는다면 회사는 더 크게 성장할 수 없다고 판단했다.

지멘스는 당시에 파격적인 사회보장제도를 회사에 도입했다. 1854년 고위 관리직들에게 성과에 따른 이익배당금을 주기로 계약한 데 이어, 하위직 직원들은 문서로 보장되지는 않았지만 보조금을 받았다.

1872년에는 사재를 털어 퇴직금 예탁제도를 시행했다. 직원들은 회사의 실적이 자신의 수입과 직결된다는 사실을 깨달았고, 업무 태도는 적극적으로 변해 갔다. 독일 전역에서 최고의 기술자들이 지멘스에서 일하기 위해 몰려들었다.

1880년대 AEG가 지멘스의 최대 경쟁자로 성장해 타격을 입었지만, 종업원들의 신뢰를 확보한 지멘스는 곧 실적을 회복했다. 1890년대 지멘스가 사망한 뒤로도 그의 철학은 후계자들에게 계승되었다. 오늘날 지멘스는 세계 200개국 이상에서 사업을 벌이고 있는 다국적 기업으로 성장했다.

| 헨리 포드 | 직원이 자동차를 구입하는 선순환 구조를 만들다

헨리 포드는 결코 인간적인 경영자는 아니었다. 그는 냉정한 경영자에 가까웠고, 시스템과 원칙을 경영의 신조로 삼았다. 그가 개발

한 이동식 조립 라인은 찰리 채플린의 영화들 속에서 지독하게 풍자되었고, 그는 성공밖에 모르는 냉혈한으로 낙인찍혔다. 노동자들의 이직률은 높아졌고, 그가 그토록 원하던 효율성은 점차 떨어져만 갔다.

포드의 위대함은 이러한 위기 상황에서 빛을 발했다. 그는 노동자의 임금을 올리고 자동차 가격을 내려 노동자 계급이 자동차를 사게 해 매출을 늘리는 선순환 구조를 만들었고, 미국의 중산층이 형성되는 데 일등공신이 되었다.

1913년 하일랜드 파크 공장의 이직률은 무려 380%에 달했다. 사업 근간이 흔들리는 위기 상황에서 그가 주목한 것은 노동자의 마음이었다.

포드 또한 노동 계급 출신이었다. 그는 사업의 성공은 노동자의 마음을 잡는 데 있다는 사실을 상기하고 혁신적 조치들을 시행했다. 노동자들의 임금을 당시 산업 평균 임금의 두 배인 5달러로 인상했고, 노동 시간은 9시간에서 8시간으로 줄였다.

그런 뒤 자동차 값을 인하해 하층 계급도 자동차를 살 수 있도록 했다. 수익 저하를 우려한 포드사의 소액주주들은 즉각 반발했지만, 포드는 자신의 방침을 고수했다.

포드를 신뢰할 수 있다는 판단이 들자 노동자들은 반응을 보였다. 이직률은 크게 줄어들었고 구직자들로 공장 앞은 인산인해를 이뤘다.

그러나 여론은 여전히 그의 편이 아니었다. 〈월스트리트 저널〉은 포드가 경제 범죄를 저질렀다며 강력한 비판에 나섰다. 포드는 이에 대응해 다음과 같이 의견을 피력했다.

우리의 방침은 가격을 내리고 사업을 확장한 뒤에 제품의 품질을 개선하는 것이다.

포드의 생각은 옳았고, 포드사의 장기 수익은 개선되었다. 포드는 '경영자는 노동자의 삶을 고려해야 한다'라는 기본 원칙을 준수한 것이었고, 이러한 생각은 미국 중산층의 확대로 이어져 미국 산업의 기반을 확대하는 결과로 나타났다.

| P&G | 종교적 신념에 근거한 생활 안정 복지 정책

P&G는 1837년 미국 오하이오주 신시내티에서 윌리엄 프록터와 제임스 갬블의 공동 창업으로 시작되었다. 남북전쟁 중 미군에 납품하면서 전국적 인지도를 쌓았고 이후 호황기에 사업이 급성장했다. 현재 세탁, 뷰티, 위생용품, 헬스케어 등의 주요 사업 부문에서 글로벌 시장 1위다.

200여 년간 성장과 발전의 저력은 종교적 신념에 기반한 조직원에 대한 생활 안정 및 복지후생 정책에 기인한다. 1887년 미국 기업 최초의 직원연금제도 시행으로 장기 근속을 장려하고 직원

충성도를 제고했다.

1930년대 대공황기에는 해고를 최소화하면서 오히려 유급 병가, 상해 보장, 의료보조금 제도를 도입했다. 1990년대부터는 성과 보상 정책을 강화해 임직원 주식 보유 장려 및 스톡옵션 확대, 성과기반 보상, 자기선택형 복지제도로 기업 실적과 종업원 보상의 연계를 더욱 강화시키고 있다.

P&G의 창립은 사업 시너지 창출에서 비롯되었다. 프록터는 양초를 제조하는 기독교 감리교인이었고 갬블은 비누 사업을 하던 장로교인이었다.

당시 주요 생필품인 비누와 양초는 유통 채널, 목표 고객이 중복되어 두 사람의 합작은 매출과 수익에서 모두 긍정적이었다. 이러한 사업적 측면 이외에도 종파는 달랐지만 기독교 정신에 기반한 사업 운영에서는 공통점이 많았다.

18세기 영국 잉글랜드에서 시작된 감리교는 청렴한 노동 윤리, 금욕적 생활, 사회적 책임을 강조하는데, 프록터는 사업에서도 도덕성과 공동체 책임을 중요시했다.

16세기 스코틀랜드에서 시작한 칼뱅주의 전통의 장로교는 근면, 절제, 책임이 핵심 가치인데, 갬블은 교육과 복지, 윤리적 경영에 관심이 많았다.

창업자 두 사람은 기독교적 가치관을 공유하며 기업 문화를 조직원의 복지-교육-가족에 기반한 공동체 기반으로 정립시켰다.

    격변의 시대, 위기를 지배하라

이러한 맥락에서 다양한 프로그램을 선도적으로 도입했다. 1887년 미국 최초로 도입한 민간 연금제도는 기독교의 형제애와 약자 보호의 개념으로 직원의 노후를 책임지는 기업 정책의 효시다. 또한 충성도를 높이고 장기 고용을 장려하는 정책은 직업 안정성과 자긍심을 중요시하는데, 이는 조직원을 공동체의 일원으로 보는 가치관에 근거한다.

기독교에서 강조하는 정직한 상거래(Ethical commerce) 정신은 제품의 원재료와 성분, 품질에 반영되어 소비자의 높은 신뢰도와 연결되었다. 고품질의 제품을 공급하기 위한 연구 개발도 선도적이었다. 1879년 물에 뜨는 비누로 유명한 아이보리 비누가 출시되어 선풍적 인기를 끌면서 1890년에는 업계 최초로 사내에 연구소를 설치했다.

1930년대에는 라디오가 보급되면서 광고-마케팅을 적극적으로 전개했고 성공적인 소비재 마케팅으로 업계에서는 마케팅 사관학교로 일컬어지고 있다. 또한 대부분의 경영진을 내부 육성과 승진으로 선발하는 제도도 공동체 정신을 기반으로 하는 인재관의 반영이다.

P&G의 역사는 기업의 성과가 다양한 방식으로 조직원의 이익으로 연결되는 제도의 발전 과정이라고 평가된다.

신뢰는
보상 구조에서 완성된다

기업에는 다양한 이해관계자들이 있다. 주주, 종업원, 납품업체, 지역 사회, 정부 등이 그들이고 기업 경영이란 결국 이해관계자의 관리에 다름 아니다. 기업의 규모가 커지고 사회적 책임이 강화되면서 이해관계자의 범위도 넓어지고 있다.

이해관계자의 핵심은 주주, 종업원, 납품업체다. 평상시는 물론 위기 시에는 이들의 협조가 더욱 중요하다. 이들과 함께 생존을 모색하는 공동체 의식은 위기를 헤쳐 나가는 중요한 자산이다.

따라서 경영자는 '다 같이 죽고, 다 같이 산다'라는 공감대를 이뤄 단기적인 경제적 이해관계를 넘어서는 동지적 관계를 형성할 수 있어야 한다. 장기적 이익을 위해서 단기적 이익을 포기하는 것은 경제 주체로서도 합리적인 선택이기 때문이다.

경제적 보상을 기본으로 하고, 경제 외적 보상을 병행하는 것도 효과가 크다. 의외로 사람들은 심리적 만족감, 조직에의 소속감을 높이 평가하는 경우가 많다.

 격변의 시대, 위기를 지배하라

14장

통합할 수 있을 때,
공동체는 산다

포용은 이상이 아니라 전략이다

고인 물은 썩는다. 흐르는 물이 썩지 않는 것은 끊임없이 새로운 물결을 받아들이기 때문이다. 사람이나 조직도 마찬가지다. 세상의 흐름을 받아들이고 변화해야 살아남는다. 개인이나 조직이나 과거의 성공에 안주하고 현재에 만족하는 순간, 정체는 시작되고 공동체는 화석화된다.

조직이란 다양한 인재가 충원되고 활동하면서 더 크게 성장하는 법이다. 특히 성장 과정에 수반되는 위기를 맞아 인적, 물적 자원 동원의 범위를 넓혀 나가는 개방성은 번영의 전제 조건이다.

기원전 7세기 이탈리아반도 중부에서 양치기 무리로 출발한 로마는 개방성의 철학을 기반으로 세계 제국으로 발전했다. 귀족과 평민의 연합 형태로 건국된 로마는 점차 몸집이 커지면서 계층 간 갈등이 커졌고 사회 불안이 폭발하는 위기를 맞았다.

로마의 지도자들은 통합과 포용의 정신으로 평민들에게 정치 경제적 문호를 개방해 갈등을 내부적으로 해소하고 도약의 계기로 삼았다. 나아가 로마가 이탈리아반도를 벗어나 유럽 대륙과 아프리카로 진출하고 제국의 면모를 갖췄을 때도 로마는 특유의 개방 정책을 일관되게 추구했다.

로마에서 동포는 '뜻을 같이하는 자'였기에 인종, 출신 지역, 신분에 상관없이 누구나 로마 시민권을 얻을 수 있었고, 로마 제정 중기에 가면 속주(식민지) 출신이나 해방 노예의 아들이 황제가 되는 경우도 있었다.

반면 로마보다 앞서 찬란한 문명을 꽃피운 고대 그리스는 동포를 '피를 나눈 자'로 생각하는 혈연적 사고에서 벗어나지 못해 협소한 그리스반도를 벗어나지 못하고 소멸되었다.

공동체의 개방성은 지도자의 개방과 포용 정신으로 구현된다. 지도자가 자신의 협소한 정치적 기반에 매몰되지 않고 다양한 집단에게 문호를 개방하고 포용할 때, 공동체는 장기적으로 발전할 수 있다.

특히 위기 상황에서 위기를 극복하고자 공동체 전체의 힘을 집중하는 총력 체제 구축의 핵심은 원칙에 입각한 개방과 포용 정책에 있다. 공동체에 해악을 끼치는 막연한 대화와 타협과는 분명히 구분해야 한다.

원칙 있는 통합이 핵심이다

| 살라딘 | 관용과 화해로 정의와 신념을 실행하다

유럽인들에게 살라딘이라고 불리는 살라흐 앗 딘 유수프는 티크리트의 쿠르드 귀족 가문에서 태어났다. 1174년 이집트를 지배하던 파티마 왕조 계열의 누르 앗 딘 마흐무드가 사망하자 이집트의 술탄이 되어 아이유브 왕조를 창건했다.

당시 십자군 왕국과 이슬람 세력 간의 전투가 끊임없이 벌어지는 전쟁 상태의 중동에서 살라딘은 군사적 승리를 이어 가면서 명성을 높였다. 살라딘은 2차, 3차 십자군전쟁에서 이슬람 군대를 이끌고 기독교 십자군을 패퇴시킨 최고 지휘관이었다. 그는 패전해 포로가 된 기독교인들에게도 관용을 베풀었고, 이슬람을 악마로 여기는 기독교 세계에서도 인정받는 명장이었다.

7세기 초반 발흥한 이슬람은 급속하게 팽창해 유럽까지 확장했지만, 10세기 이후 약화되기 시작했다. 반면 봉건제 질서로 안정된 유럽은 역량을 축적하고 예루살렘 성지 탈환이라는 명분으로 십자군을 조직해 공격에 나섰다.

초기에 지리멸렬하던 이슬람 세력에 살라딘이라는 탁월한 군주가 출현해 예루살렘을 탈환하고 십자군을 막아 낸다. 지금도 국가를 이루지 못하고 터키와 시리아 등지에 흩어져 있는 쿠르드 민족

출신의 살라딘은 이슬람의 영웅 중에서 기독교 세계에서 가장 유명하고 거부감이 적다.

610년 무함마드가 창시한 이래 후계자 칼리프들이 세운 이슬람 제국은 대외 정복을 시작해 서쪽으로 이베리아반도를 거쳐 프랑스 지역까지 진출한다. 732년 프랑스 중서부 투르에서 카롤루스 마르텔이 이끄는 프랑크군이 이슬람군에 승리하면서 피레네산맥이 서쪽의 경계선으로 굳어졌다. 동방에서는 동로마 제국의 후예 비잔틴 제국이 이슬람의 공격에도 버티면서 동쪽의 경계선이 되었다.

로마 교황 우르바누스 2세는 1095년 클레르몽 공의회를 열어 이슬람을 평정한 후 성지 예루살렘을 탈환하자는 명분을 내걸고 십자군전쟁을 선언했다. 교황이 직접 유럽 전역을 돌아다니면서 원정군을 구성해 1096년 1차 십자군이 출발했다.

1차 십자군은 대성공을 거둬 예루살렘을 함락시키고 터키에서 팔레스타인의 해안을 따라 아르메니아, 안티오크, 트리폴리, 예루살렘의 네 개 기독교 왕국을 세웠다. 그러나 반격에 나선 이슬람 군대가 실지를 회복하자 프랑스의 루이 7세와 독일의 콘라트 3세가 주축이 된 2차 십자군이 1147년 파병되었으나, 별다른 성과를 거두지 못했다.

1187년 예루살렘이 살라딘의 이슬람 군대에게 재함락되었다. 예루살렘 정복 후 살라딘은 이교도에게도 관용을 베풀었다. 과거 십자군은 이슬람 포로들을 처형으나, 살라딘은 기독교 포로들의 몸값을 받고 석방했으며, 예루살렘에 살기를 원하는 기독교도들에게는 추가 세금을 내는 조건으로 거주를 허락하고 종교의 자유를 인정하는 관용 정책을 폈다.

유럽은 1189년 3차 십자군을 조직했다. 영국의 '사자왕' 리처드 1세, 프랑스의 '존엄왕' 필리프 2세, 신성 로마 제국의 '붉은 수염' 프리드리히 1세 등 유럽의 정예 병력을 총집합시킨 최강의 전력이었다. 3차 십자군은 별다른 성과 없이 물러났지만, 리처드 1세와 살라딘이라는 두 명의 스타를 탄생시켰다. 리처드 1세는 당시 유럽 전역에서 군사적 역량이 가장 뛰어난 군주로서 명성이 높았고, 3차 십자군에서도 정예 주력군을 이끌고 있었다.

리처드 1세는 1191년 6월 팔레스타인의 아크네를 함락하고 9월 아르수프에서 살라딘이 지휘하는 군대와 맞붙었다. 리처드가 승리하고 근거지를 확보했지만 전투 과정에서 두 군주는 상대방에게 깊은 신뢰와 존경심을 품게 되었다. 또한 그는 동맹군들이 패배하거나 철수하는 상황에서 예루살렘을 탈환해도 고립무원의 상태가 되어 보급 단절로 유지가 어렵다고 판단하고, 살라딘과 협상해 철수를 결정한 후 귀국길에 오른다.

양대 세계의 영웅이 적으로 맞붙었지만 서로 존경심을 갖고 헤어지는 이야기와 관련해 수많은 일화와 전설이 만들어지고 유럽의 다양한 문학 작품에 등장하면서, 살라딘은 기독교 세계에서 명성을 얻었고 이슬람 제국의 용맹하고 지혜로운 군주로 각인되었다.

 격변의 시대, 위기를 지배하라

| 에이브러햄 링컨 | 연방수호 틀에서 개방·포용 정책 실시

대통령이 된 에이브러햄 링컨이 가장 먼저 취한 행동은 백악관 개방이었다. 백악관 1층 전체와 2층 일부가 사람들에게 공개되었다. 몰려드는 사람들로 집무에 방해가 될 정도였지만 링컨은 개방 정책을 유지했다.

백악관 개방은 다름 아닌 링컨의 원칙과 관련이 있었기 때문이다. 링컨은 취임사에서 남북이 갈리고 주인과 노예로 나뉜 미국이 하나 되는 것을 목표로 제시했고, 백악관 개방은 그가 대통령으로 있는 한 결코 그 꿈을 포기하지 않을 거라는 상징적 메시지였다.

개방과 포용을 중시하는 링컨의 정책은 내각 구성에서 분명하게 드러났다. 일반 투표에서 40%의 지지도 얻지 못했지만 민주당의 분열 덕에 대통령에 당선된 링컨은 국무장관에 윌리엄 수어드를, 재무장관에 새먼 체이스를 임명했다.

체이스는 급진적인 노예폐지론자로 링컨과는 정치 철학이 상당히 달랐고, 수어드는 공화당 경선에서 링컨에게 패배한 인물이었다. 수어드는 링컨이 대통령 감으로 적합하지 않으며 능력도 없다고 생각했다.

링컨은 수어드의 집까지 직접 방문해 국무장관직 수락을 요청했다. 링컨의 설득으로 입각한 수어드는 미국 역사상 최고의 국무장관이라는 평가를 받았으며, 체이스 또한 전쟁 와중에도 뛰어난 능력으로 국가 재정을 효과적으로 관리했다.

링컨의 포용력은 실수를 인정하는 측면에서도 찾아볼 수 있다. 남북전쟁 초기 링컨의 고민거리는 적절한 총사령관의 부재였다. 조지 매클래런을 비롯해 후임 총사령관들의 능력은 기대에 미치지 못했다. 그때 그의 눈에 들어온 군인이 바로 율리시스 그랜트였다.

1863년 7월, 북군은 율리시스 그랜트의 지휘 아래 남군의 전략적 요충지인 빅스버그를 함락하는 데 성공한다. 그랜트는 이전에도 총사령관 물망에 오르긴 했지만 링컨은 그를 선택하는 데 주저했다.

1862년 4월에 치른 샤일로 전투에서 수많은 병력을 잃은 그랜트의 패전을 잊지 못했기 때문이다. 빅스버그 함락 후 링컨은 그랜트에게 편지를 보내 자신의 실수를 솔직히 인정한다.

빅스버그 전투에 대해 사실 나는 아무런 희망도 갖지 않았습니다. 전투에서 질지도 모른다는 생각이 오히려 더 많았습니다. 지금 나는 내가 틀렸고, 장군이 옳았다는 것을 솔직히 인정하겠습니다.

1864년 3월, 링컨은 그랜트를 중장으로 승진시켜 총사령관으로 임명했고, 그랜트는 남북전쟁을 승리로 이끈다.

링컨의 개방과 포용 정책에는 '미합중국의 수호'라는 확고한 목표와 원칙이 있었다. 링컨은 미합중국의 분열을 막는 것을 최우선으로 한 국가주의자로서, 연방 유지를 위해서라면 노예제를 인정

　　　　　　　　　　　　격변의 시대, 위기를 지배하라

할 수도 있다는 입장을 견지했다.

당시 미국은 정치적, 경제적, 종교적으로 남북이 분열되었고, 노예제가 가장 큰 쟁점이었다. 링컨은 국가 분열을 막기 위해 노예제를 인정하려고 했다. 그러나 북부 자유주(自由州)의 지지로 링컨이 대통령에 당선되자마자 남부 노예주가 연방 탈퇴를 선언했고, 링컨은 '하나의 미국'을 수호하고자 남부와 전쟁을 불사했던 것이다.

링컨의 이런 원칙은 "노예를 해방시키지 않고 연방을 수호할 수 있다면 그렇게 하겠고, 노예를 해방시켜야만 연방을 수호할 수 있다면 그렇게 하겠으며, 또한 일부 노예만을 해방하고 나머지를 그대로 둬야 연방이 수호된다면 그렇게 하겠다"라고 한 연설에서도 드러난다.

링컨이 남부의 연방 탈퇴 선언 후 이적행위자 즉시 구속, 남부 해상 봉쇄의 강경한 조치를 지시하고, 상황의 시급성을 이유로 의회 승인을 생략하고 신속하게 군사 대응을 결정한 것도 분명한 원칙이 있었기 때문이다.

의회와 신문이 격렬하게 비판하고 수많은 항의 집회가 개최되었지만 링컨은 전혀 개의치 않았고 '미합중국 수호'를 위한 전쟁에서 이기기 위해 당파에 관계 없이 인재를 등용해 반발을 잠재웠다. 링컨은 '미합중국 수호'의 목적을 분명히 갖고 있었고, 반면 '미합중국 분열'에 대해서는 단호히 대처했다.

이러한 링컨의 관용 정신은 전쟁 후 남부 처리 과정에서 여실히 나타난다. 북부공화당의 급진파는 남부 반란 주들을 강력하게 응징하기 위해 '웨이드-데이비스 법안(the Wade-Davis Bill)'을 제출했으나, 링컨은 거부권을 행사했다.

링컨은 연방에 반기를 든 과거의 과오를 처벌하기보다는 미합중국으로의 재통합을 우선했고, 남부연합에 협력했던 사람이라도 연방에 충성 서약을 하면 모두 사면하도록 했다.

링컨은 영웅 스타일의 인물은 아니었다. 링컨의 부모는 문맹이었고, 그 또한 정규 교육을 거의 받지 못했다. 그러나 그는 피해 의식에 찌들어 공동체의 분열을 획책해 정치적 이익을 얻는 정치꾼의 길이 아니라, '국민의, 국민에 의한, 국민을 위한 정부' '하나의 조국'을 건설하기 위해 개방과 포용 정책으로 공동체를 통합시키는 진정한 정치가의 길을 일관되게 걸었다.

하버드 대학의 데이비드 도널드 교수는 다음과 같이 링컨을 평가했다.

링컨은 다른 대통령들과는 달리 자신이 어디로 배를 몰아야 하는지를 아는 위대한 항해사였다.

| 오토 폰 비스마르크 | 반대 세력을 제압하고 포용하다

오토 폰 비스마르크는 19세기 유럽의 국제 질서 변화를 주도하며 독일제국을 탄생시킨 프로이센의 외교가, 정치가, 통일 전략가로

    격변의 시대, 위기를 지배하라

'현대 독일의 건국자'라고 평가받는다.

철혈재상(鐵血宰相)이라는 별칭으로 무력과 전쟁을 불사하는 강압적 이미지로 각인되어 있지만 실상과는 거리가 있다. 그는 통일 독일 수립을 위한 전쟁에서 승리하고 교전국의 존립을 인정했다. 그리고 질서 있는 유럽 평화와 전쟁 방지 외교에 집중했다. 전쟁은 도구이고, 목적은 독일 통일과 국제 평화였다.

또한 국내적으로 신생 독일의 통합을 위협하는 사회주의, 기득권 종교 세력에 단호히 대처해 사회 분열을 방지했다. 동시에 국민들의 불만과 요구를 제도적으로 수용하며 산재보험, 건강보험, 노령연금 등을 도입해 세계 최초의 현대 복지국가 시스템을 구축했다. 그는 통합된 독일 국민국가 수립을 위한 전쟁과 외교, 내치에서 상대방을 1차로 제압하고 2차로 포용해 목표를 달성했던 현실주의 전략가였다.

1862년 9월 30일 프로이센 총리로 임명된 그는 의회에서 독일 통일 정책에 대해 연설했다. "시대의 중대한 문제들은 연설이나 다수결로 해결되지 않는다. 이것은 1848년과 1849년의 큰 실수였다. 오히려 '철과 피'로 해결된다."

비스마르크 취임 시의 시대정신은 독일 통일이었다. 1789년 프랑스 혁명으로 촉발된 민족주의, 자유주의는 나폴레옹의 등장과 몰락을 계기로 유럽 전역으로 확산되었다.

1848년 2월 프랑스에서 혁명이 발생해 루이 필리프 왕이 퇴위하고 제2공화국이 성립되었다. 이에 자극받은 독일 민족주의-자유주의 지식인들이 봉기해 1848년 3월 프로이센 수도 베를린에서도 혁명이 발생했고 1년여를 지속했지만 결과적으로 실패했다.

가장 큰 난관은 오스트리아, 프로이센 및 독일연방 등을 모두 통일하는 대독일 노선과 프로이센 주도로 오스트리아를 배제하는 소독일 노선의 팽팽한 대립이었다.

비스마르크는 프로이센 귀족, 융커 출신이었다. 청년기에 독일 혁명 과정을 지켜보면서 프로이센 중심 왕권주의 통일의 관점을 정립했다.

관료, 외교관, 국회의원을 거쳐 재상으로 발탁된 비스마르크가 프로이센이 중심이 되는 소독일 통일을 목표로 설정하고 실현하는 수단은 무력과 전쟁이라고 선언한 연설이었다. 비스마르크는 소독일 통일의 걸림돌을 제거하기 위한 일련의 전쟁을 시작했다.

1864년 덴마크전쟁, 1866년 오스트리아전쟁, 1870년 프랑스전쟁 모두 프로이센의 주도권 확보와 독일 통일을 위한 선제적 무력 사용이었다. 프로이센 왕 빌헬름 1세는 1871년 1월 18일 프랑스 베르사유 궁전에서 통일된 독일제국 수립을 선포하고 독일 황제로 즉위했다.

철혈, 즉 전쟁으로 목표를 달성한 비스마르크는 외교로 유럽 평화를 위한 세력 균형 외교로 전환했다. 프랑스를 점령한 병력을 조속히 철수하고 직접 충돌을 피하되 외교적으로 고립시키는 수준으

 격변의 시대, 위기를 지배하라

로 대응했다.

1879년 오스트리아-헝가리 제국과 2중 동맹을 체결했고 러시아와도 우호 관계를 유지했다. 이러한 외교로 구축된 소위 비스마르크 체제 하에서 유럽은 20여 년간 전쟁이 없었다.

심지어 황제가 포로가 되고 수도 파리가 점령당하는 치욕적 패배를 당한 프랑스에서도 이 시기의 평화를 벨 에포크(Belle Époque, 아름다운 시대)로 지칭했을 정도다.

비스마르크는 통일된 독일제국의 내부적인 분열 세력에 대해서는 단호하게 대처했다. 공업화로 급증한 상공인-노동자 중심의 사회주의 세력 및 기득권을 고수하려는 전통적인 가톨릭 종교 세력이었다.

비스마르크의 목표는 통합된 독일 국민국가의 건설과 이에 상응하는 국제적, 국내적 질서 구축이었다. 이를 위해 일차적으로는 전쟁, 진압이라는 물리적 방법으로 상대방을 제압했고, 이차적으로는 이들을 제도적으로 포용해 국내외적으로 신질서를 형성했다.

상생의 철학이
재도약을 만든다

| 존 디어 | 대공황기 농기계 구독으로 농민과 상생하다

존 디어는 200년 전통의 미국 농기계 회사로 전 세계 100대 기업에 들 만한 강력한 브랜드와 높은 고객 충성도로 유명하다.

농기계 부문 선두 기업으로 올라선 계기는 역설적으로 1929년 발생한 미국 대공황이었다. 대공황으로 농산물 판로가 막힌 농부들은 파산 상태가 되었다. 존 디어의 자금 사정도 어려워졌지만 고객인 농부들과 상생하고자 판매대금 회수를 유예하는 파격적 대책을 실시했다. 이후 경기가 회복되면서 유예한 판매대금을 회수했고 이 과정에서 농부들에게 높은 신뢰를 얻었다.

존 디어는 단순한 제품 판매 회사가 아니라 농부들과 고락을 함께하는 사업 동반자라는 인식이었다. 1930년대 대공황이라는 공통의 위기에서 존 디어는 상생의 철학에 기반해 공존하는 전략으로 위기를 극복하고 도약의 기회를 마련했다.

1804년 미국 동부 버몬트주에서 존 디어가 태어났다. 대장장이가 되어 쟁기를 주로 만들었던 그는 30대 초반인 1837년 중부 일리노이주에서 대장간을 시작했다.

당시 미국에서 주로 사용하던 주철로 만든 쟁기는 미국 중서부 프레리 지역의 끈적끈적한 토양에서는 진흙이 쟁기에 묻어 사용이

불편했다.

디어는 강철로 만든 쟁기를 만들어 높은 인기를 얻었다. 당시로서는 진흙이 덜 달라붙는 강철 쟁기는 획기적인 혁신이었다. 1868년 아들인 찰스 디어가 실질적인 경영을 맡으면서 디어앤컴퍼니(Deere&Company)로 법인화했고 본격적인 성장을 시작했다.

미국에서는 남북전쟁이 끝나고 본격적인 서부 개척이 시작되면서 농기계 수요가 급증했다. 생산품목은 쟁기에서 파종 기계, 수확 기계로 확장되었다. 20세기 초반 내연기관 엔진을 장착한 트랙터가 보급되기 시작했다. 존 디어는 1918년 트랙터 공장을 인수하면서 농업 기계화를 주도하는 회사로 변모했다.

1929년 미국발 대공황은 농업 분야에도 심각한 타격을 입혔다. 농산물 판매가 급감하면서 대다수 농부가 파산 위기에 몰렸다. 은행 대출 상환금은 물론 농기계 할부금 및 비료 등 농업 자재의 대금도 지불이 어려워졌다.

존 디어도 매출이 급감하고 판매대금 수금도 어려워지는 이중고에 시달렸다. 이러한 상황에서 존 디어는 농부들에게 판매대금의 수금액을 최소한의 수준으로 하향 조정하거나, 그나마도 어려우면 유예하는 정책을 단행했다.

경영이 악화된 은행과 여타 농자재 기업들이 농부들에게 대출금-외상 매출금 회수를 독촉하는 상황에서 존 디어의 이런 정책은 농부들에게 큰 호응을 불러일으켰다.

미국 경제가 대공황의 여파에서 서서히 회복되면서 농부들의 상황도 개선되었고 존 디어가 유예시켰던 판매대금도 회수되었다. 이러한 과정에서 판매자인 존 디어와 수요자인 농부 간에 깊은 신뢰가 형성되었다.

존 디어가 단순한 제조사-판매사가 아닌 농부의 사업 동반자라는 인식이었다. 대공황 시기에 여타 경쟁 기업들이 대거 도산하면서 디어는 농기계 분야의 선두 기업으로 도약했다.

제2차 세계대전 후에 농업의 기계화와 자동화가 가속화되면서 존 디어의 사업도 고속으로 성장했다. 제품 라인을 농기계 중심에서 건설, 임업, 조경 등으로 확장해 다양한 산업의 기계 장비를 생산하고 있다.

21세기 디지털 AI 시대에는 자율주행 트랙터, AI 제초기기 등 농기계와 AI를 접목하는 신제품을 출시하면서 시장을 주도해 '농업계의 테슬라'라는 별명도 붙었다.

| 메리어트 | 이해관계를 넘어서는 가족적 관계를 형성하다

19세기 후반부터 철도, 자동차, 증기선 등이 발명되고 보급되었고 20세기에는 여행, 숙박, 레저 등 관련 산업이 태동하고 성장했다. 현재 글로벌 호텔 체인으로는 메리어트를 선두로 힐튼, 홀리데이 인이 최상위 그룹을 형성하고 있다.

그중 메리어트는 창업자의 종교적 신념에 기반해 가족적 가치

    격변의 시대, 위기를 지배하라

를 중시하는 기업 문화와 사업 방식을 정립해 오늘날에 이르렀다. 핵심은 직원들에게 조직에 대한 소속감을 심어 주는 다양한 프로그램을 실시하고 직원들이 성장할 수 있게끔 가능한 많은 기회를 주는 방식이다.

메리어트는 1927년 미국의 수도 워싱턴 D.C.에서 길거리의 음료수 판매 코너로 시작되었다. 창업자인 존 윌러드 메리어트는 미국에서 태동된 개신교 모르몬교(예수 그리스도 후기 성도 교회)의 신자였다. 그는 20대 초반에 워싱턴 D.C.에서 선교 활동을 했다.

워싱턴 D.C.의 무덥고 습한 날씨에서 생활하던 메리어트는 당시 보급이 시작되던 냉장고를 활용한 차가운 음료 판매가 유망하다고 판단하고 작은 가게를 열었다. 큰 인기를 끌면서 자금을 모은 그는 사업을 식당으로 확장해 성공하면서 숙박업에도 진출했다.

1957년 버지니아에서 호텔 사업을 시작하고 1969년에는 멕시코 휴양지 아카풀코의 호텔 개장으로 해외 진출을 시작했다. 이후 고도성장을 거듭해 세계 최대의 호텔 체인으로 발전했고 현재 메리어트를 비롯해 리츠 칼튼, 쉐라톤, 웨스틴, 스타우드 등의 브랜드를 운영하고 있다.

메리어트는 선교사 특유의 개척 정신과 모르몬교 전통인 가족 개념을 중시했다. 가족 중시는 경영에도 접목되어 메리어트는 직원들을 가족으로 받아들이고 함께 성장하는 플랫폼으로 생각했다. 계약 중심 전통이 강한 미국에서 메리어트는 가족적인 기업 문화를 형성해 왔고 이것이 글로벌 기업으로 성장하는 기반이 되었다.

가족적 기업 문화의 핵심은 '조직에 대한 소속감을 심어 주고 가능한 많은 기회를 준다'이다. 호텔업의 특성상 청소, 세탁, 경비 분야에서 일하는 직원들의 교육 수준이 높지 않고 가난한 이민자들이 많았다. 메리어트는 이러한 직원들을 저원가 일용직 근로자 개념이 아니라, 올바르게 대접해 자부심을 부여하고 교육을 시키면서 성장 기회를 주려고 노력했다.

창업자의 아들로 호텔 사업을 시작한 메리어트 2세는 '직원들을 올바르게 대접하면, 그들이 고객을 올바르게 대접한다'라는 철학으로 강력한 기업 문화에 기반한 특유의 경영 방식을 확립했다.

이러한 철학이 반영된 대표적인 프로그램이 영어가 서툰 이민자들에게 10주간 집중적으로 영어를 가르치는 '업무영어 교육'이다. 1990년대 시작되어 업무 생산성도 높였고, 영어를 배운 단순 근로자들이 능력을 발휘해 임원급 관리자로 승진하는 경우도 생겨났다. 결국 영어가 서툰 이민자들의 미국 정착을 도와주면서, 우수한 인력을 양성하는 효과도 거둔 셈이다.

호텔업의 특성상 고된 업무와 낮은 임금이 불가피한데, 메리어트가 동종 업종에서 가장 낮은 이직률 수준을 유지하는 배경이다. 기업에서 가족이라는 개념은 자칫 오해될 수 있는 개념이다. 하지만 메리어트는 '서로 존중하고 같이 성장한다'라는 공동체 정신으로 발전시켰다.

     격변의 시대, 위기를 지배하라

'개방성'과 '독자성'은 인류 사회를 관통해 온 화두다. 사회나 국가에 개방성이 과하면 민족성과 자주성이 훼손되기 쉽고, 독자성이 과하면 배타적으로 변하기 쉽다. 외향성이 지나치면 사교적이지만 줏대가 없는 사람이 되기 쉽고, 내향성이 지나치면 개성은 있어도 고집불통인 사람이 되기 쉽다.

조직의 리더도 마찬가지다. 지나친 개방과 포용은 노선이 불분명하고 소신도 부족한 리더를 만들고, 폐쇄적이고 배타적인 리더는 추종자의 충성심은 얻을지라도 조직 전체를 화석화시키고 기득권층의 볼모가 된다. 개방과 관용도 절대적 가치가 아니라 합리적인 균형과 범위의 문제다.

갈등 해결 과정에서 대화와 타협의 정신은 존중되어야 하지만, 대화와 타협으로 모든 문제를 해결하겠다는 발상은 위험하다. 마찬가지로 리더가 개방과 포용 정신으로 공동체를 이끄는 것은 중요하지만, 개방과 포용 자체가 절대적 가치가 될 수는 없다.

공동체의 통합과 번영을 위한 기본 가치에 동의하는 범위에서의 개방과 포용이어야 한다. 공동체의 번영을 해치고 분열을 조장하며 공동체 존립의 기본 가치를 훼손하는 집단과 세력은 개방과 포용의 대상이 아니라 단호하게 대처해야 할 대상일 뿐이다.

개방성을 공동체의 기본 가치로 삼았던 로마에서도 '공동체가 지향하는 기본 가치'의 인정이 로마 시민권 부여의 전제 조건이었다. 관용 정신의 상징으로 존경받는 링컨도 '미합중국의 수호'라는 목표 아래에서의 포용과 통합이었고, 분열 세력은 강력히 응징했다. 조선 시대 초기 세종의 관용과 통합도 태종이 확립한 원칙이 있었기에 가능했다.

개방과 포용이 지도자의 기본 덕목이 되어야 한다는 점에 문제를 제기할 사람은 없다. 그러나 원칙 없는 개방과 포용이 공동체에 큰 해악을 끼치는 것도 엄연한 사실이다.

막연하고 원칙도 없는 관용과 포용을 내세우며 대화와 타협을 주장하는 무책임한 세력은 오히려 리더가 가장 경계해야 할 대상이다. 리더는 공동체의 통합과 번영이라는 목표를 추구하기 위한 범위 내에서 관용과 포용으로 구성원 전체를 결집하고 조직 에너지를 극대화해야 한다.

마키아벨리는 『군주론』에서 다음과 같이 언급했다.

군주는 자비롭고 신의가 있고 인정이 있으며, 신앙심이 깊고 공정하게 보여야 하는데, 이런 자질을 모두 갖출 필요는 없지만 그것들을 모두 지닌 것처럼 보이는 것은 매우 중요하다.

 격변의 시대, 위기를 지배하라

리더가 개방적, 포용적으로 보이는 것은 중요하다. 그러나 그 이면에는 분명한 원칙과 목표가 자리 잡고 있어야 한다. 마키아벨리의 관점에서 군주의 목표는 '공동체를 안전하게 유지하고 번영시키는 것'이고, 개방과 포용을 비롯한 모든 덕목은 이 목표를 위한 범위에서만 인정되는 수단이다.

격변의 시대,
위기를 지배하라

초판 1쇄 발행 2026년 3월 13일

지은이 | 김경준
펴낸곳 | 원앤원북스
펴낸이 | 오운영
경영총괄 | 박종명
기획편집 | 김형욱 최윤정 이광민
디자인 | 이영재
기획마케팅 | 문준영 김연아 박미애
디지털콘텐츠 | 안태정
등록번호 | 제2018-000146호(2018년 1월 23일)
주소 | 04091 서울시 마포구 토정로 222 한국출판콘텐츠센터 319호 (신수동)
전화 | (02)719-7735　　　**팩스** | (02)719-7736
이메일 | onobooks2018@naver.com　　　**블로그** | blog.naver.com/onobooks2018

값 | 21,000원
ISBN 979-11-7043-731-4 03320